환경 교육 전문가가 동화로 풀어 쓴 기후 변화 이야기

눈사람을 구하라

눈사람을 구하라

2009년 5월 18일 처음 펴냄
2009년 10월 12일 2쇄 찍음

지은이 이리 칸델러   옮긴이 한경희   그린이 김중석
펴낸이 신명철   편집장 장미희   편집 장원   디자인 최희윤
펴낸곳 (주)우리교육 검둥소   등록 제 10-796호
주소 (121-841) 서울특별시 마포구 서교동 449-6
전화 02-3142-6770   팩스 02-3142-6772
홈페이지 www.uriedu.co.kr   검둥소 블로그 blog.naver.com/geomdungso
전자우편 geomdungso@uriedu.co.kr
출력 한국커뮤니케이션   인쇄·제본 미르인쇄

ISBN 978-89-8040-339-4 73850

이 책의 내용을 쓰고자 할 때는, 반드시 저작권자와 출판사 양측의 허락을 받아야 합니다.
잘못된 책은 바꾸어 드립니다. 책값은 뒤표지에 있습니다.

RETTET DIE SCHNEEMÄNNER by Jiri Kandeler
All rights reserved by the proprietor throughout the world
in the case of brief quotations embodied in critical articles or reviews.
Korean Translation Copyright ⓒ 2009 by Urikyoyuk Geomdungso
Copyright ⓒ 2007 by Pendo Verlag GmbH, Zürich, München
This Korean edition was published by arrangement with
Literarische Agentur Kossack, Hamburg through Bestun Korea Literary Agency Co, Seoul

이 책의 한국어판 저작권은 베스툰 코리아 출판 에이전시를 통해 저작권자와 독점 계약한 우리교육 검둥소에 있습니다.
저작권법에 의해 한국 내에서 보호를 받는 저작물이므로 무단 전재와 무단 복제를 금합니다.

이 도서의 국립중앙도서관 출판시도서목록(CIP)은 e-CIP 홈페이지(http://www.nl.go.kr/cip.php)에서
이용하실 수 있습니다.(CIP 제어번호:CIP2009001428)

환경 교육 전문가가 동화로 풀어 쓴 기후 변화 이야기

눈사람을 구하라

이리 칸델러 지음
한경희 옮김
김중석 그림

차례

1. 아주 평범한 어느 토요일 오후   6
2. 신나는 세계여행이 시작되다   18
3. 왁자지껄 북적북적 중국으로   32
4. 뭐든지 할 수 있는 나라, 미국   46
5. 열대 우림 한가운데, 남아메리카   58
6. 뜨겁고 메마른 아프리카   66
7. 영원한 얼음나라 북극으로   74
8. 남태평양 해저 탐험   84
9. 집으로! 날씨 탐험대 행동으로 옮기다   94

부록   105
알피 삼촌이 쓴 말들을 알아볼까요?
슈테판 람슈토르프 교수님께 여쭤 봤어요

1 아주 평범한 어느 토요일 오후

티미와 마리가 가장 좋아하는 만화영화가 이제 막 재미있어지려는 순간 초인종이 울렸다. 곧이어 현관에서 엄마가 거실을 향해 외치는 소리가 들렸다.

"애들아, 나와 봐. 알피 삼촌 오셨어!"

"아이, 싫은데."

티미가 투덜거렸다. 티미는 이제 열 살이다.

티미는 여동생 마리에게 짜증 섞인 눈빛을 던지고는 다시 텔레비전으로 눈을 돌렸다. 굉장한 모험이 벌어지고 있었다.

"나가기 싫어! 지금 한창 재미있단 말이야!"

티미가 현관을 향해 소리쳤다.

하필이면 토요일 오후에 알피 삼촌이 찾아오다니 짜증이 났다. 보통 토요일 오후면 엄마와 아빠는 새로 산 밴 자동차에 정성을 쏟는다. 진공청소기를 돌리고, 걸레질을 하고, 광을 낸다. 새로 산 밴 자동차는 엄청 크다. 엄마 아빠는 신이 나서 지치지도 않고 몇 시간 동안이나 자동차를 청소한다. 자동차 청소를 마치고 나면 아빠는 와이셔츠를 다리기 시작한다. 다림질은 아빠가 가장 좋아하는 취미다. 엄마가 아주 친한 친구와 전화 통화를 하거나 이웃 아줌마와 수다를 떨려고 서둘러 빨래를 걷는 동안, 아빠는 벌써 다림질을 시작한다. 아빠는 아주 정성껏 와이셔츠를 다린다. 아빠는 다림질 중독증에 걸린 게 틀림없다. 엄마는 그런 아빠를 볼 때마다 고개를 절레절레 흔들면서 놀려 대지만, 티미와 마리는 그게 그렇게 나쁘다고 생각하지 않는다. 특히 토요일에는 아빠의 취미 활동이 반갑기까지 하다. 토요일 오후에는 두 아이가 가장 좋아하는 만화영화가 연달아 하는데, 아빠의 취미 덕분에 아주 느긋하게 만화영화를 볼 수 있기 때문이다. 다른 반 친구들처럼 식구들과 함께 소풍 따위 가지 않아도 되고 말이다. 마리와 티미는 집 밖에 나가는 것을 별로 좋아하지 않는다. 요즘 같은 겨울에는 더더욱 그렇다. 겨울에 밖에 나가면 너무 축축하고, 춥고, 불편하기만 하다.

"자, 자! 텔레비전 꺼, 빨리!"

아빠가 텔레비전 소리보다 더 큰 목소리로 고함치고는 방에서 나왔다. 방에는 아빠가 다림질한 와이셔츠가 한 무더기 쌓여 있다.

"삼촌은 이제 막 북극에서 돌아오셨단 말이야. 아주 재미있는 이야기를 들려주실 거야. 너희, 북극이 어디에 있는지 알고는 있니?"

"당연하죠."

티미가 자신 있게 대답했다. 어린 마리는 고개를 저었다. 그 바람에 뒤로 묶은 머리가 흔들렸다. 티미도 북극이 어디에 있는지 아주 정확하게 아는 것은 아니었지만, 아빠한테 그런 말까지 할 마음은 조금도 없었다.

그럼 아빠는 또 한바탕 설교를 늘어놓을 테니까. 아빠의 설교는 너무 지루해서 듣는 사람이 모두 잠이 들 정도다. 만약 알피 삼촌도 아빠처럼 잘난 척 설교를 한다면?

'혼자서 잘해 보시라지, 흥!'

티미가 이런 생각을 하는데 알피 삼촌이 호기심 가득한 표정으로 고개를 내밀며 외쳤다.

"얘들아 안녕, 반가워!"

너무 과장되게 고개 숙여 절을 해서 알피 삼촌은 하마터면 머리를 바닥에 부딪힐 뻔했다. 알피 삼촌의 머리카락에 묻은 눈송이들이 따뜻한 기운에 녹고 있었다.

마리는 알피 삼촌을 보자마자 웃음을 터뜨렸다. 마리는 재미있어 죽겠다는 표정으로 알피 삼촌을 찬찬히 살펴보았다. 헝클어진 금색 머리에 덥수룩한 수염, 알피 삼촌은 꼭 야생 사자 같다. 알피 삼촌은 키는 아빠보다 작은데, 몸집은 아빠보다 두 배는 크다. 바둑판무늬 셔츠가 줄무늬 바지 위로 삐져나와 있고, 양말은 짝짝이다. 하나는 파란색, 하나는 초록색.

"삼촌, 정말 웃겨요."

마리는 저도 모르게 속마음을 드러내고 말았다.

"꼬마 숙녀 아가씨, 예의 바르게 행동해야지. 그렇게 버릇없이 굴면 안 돼."

아빠가 마리를 나무랐다.

"야단치지 마, 형. 마리 말이 맞는데, 뭘. 사람들은 내 모습을 보면 늘 재밌어하지."

알피 삼촌은 장난기 어린 웃음을 지으며 말했다. 삼촌의 눈이 반짝반짝 빛났다.

"만나서 정말 반갑구나, 애들아."

알피 삼촌은 다시 한 번 고개를 숙였다. 이번에는 살짝만 숙였다.

마리는 일어나서 우스꽝스럽게 생긴 삼촌한테 다가갔다. 마리는 아무리 생각해 봐도 알피 삼촌에 대한 기억이 전혀 떠오르지 않았다. 알피 삼촌은 그동안 온 세상을 돌아다니느라 마리네 집에 들를 짬이 없었다. 마지막으로 마리네 집을 찾았던 때가 언제였는지 까마득하다. 마리가 아는 것은 알피 삼촌이 날씨와 관계된 일을 한다는 것뿐이었다.

"안녕하세요."

마리는 작은 목소리로 인사하고는 수줍게 손을 내밀었다.

"삼촌이 그 날씨 삼촌이에요?"

"마리! 그런 질문은 하는 게 아니야! 알피 삼촌은 기상학자이셔. 삼촌은 요즘 날씨가 왜 이런지 연구하시지."

엄마가 마리를 나무랐다.

"그럼, 날씨 삼촌 맞잖아."

마리가 중얼거렸다.

엄마는 마리의 말을 듣지 못한 채 말을 이었다.

"알피 삼촌은 왜 날씨가 맑은지, 왜 비가 오는지, 왜 눈이 내리는지,

왜 요즘 날씨가 점점 따뜻해지는지 연구하셔. 알피 삼촌은 기후를 연구하느라 지난 몇 달 동안 북극에 계셨어."

"정말이에요? 와 짱이다!"

티미가 만화영화에서 잠깐 눈을 떼어 이쪽을 쳐다보며 말했다.

"맞는 것도 있고, 틀린 것도 있단다."

알피 삼촌의 말에 모두들 깜짝 놀란 얼굴로 삼촌을 바라보았다.

"내가 기상학자이고, 기후를 연구하기 위해 북극을 탐험하고 막 돌아온 것은 맞지만, 한 가지가 틀렸단다."

알피 삼촌은 진지한 표정으로 엄마를 쳐다보더니 이렇게 말했다.

"나한테는 뭐든지 물어봐도 된단다!"

알피 삼촌은 갑자기 코를 치켜들고 킁킁거리며 물었다.

"그런데 이 맛있는 냄새는 뭐지?"

"어머! 케이크를 굽고 있었지!"

엄마가 이렇게 외치더니 부엌으로 달려갔다.

모두 엄마를 따라갔다. 텔레비전이 켜져 있었지만 이제 텔레비전에 신경 쓰는 사람은 아무도 없었다.

모두들 엄마가 예쁘게 꾸며 놓은 커다란 식탁에 둘러앉았다. 부엌 조리대에는 온갖 주방 기구들이 널려 있었다. 커피메이커에서부터 달걀

삶는 냄비, 전자레인지, 믹서, 도깨비방망이, 전기 깡통 따개 등 모든 것이 한자리에 널려 있었다. 라디오에, 엄마가 가장 좋아하는 식탁용 진공청소기도 있었다.

엄마는 오븐에서 케이크를 꺼낸 다음 커피포트를 가져왔다. 그리고 알피 삼촌에게 특별히 케이크를 큰 조각으로 잘라 주었다.

"와, 따뜻한 치즈 케이크네!"

알피 삼촌은 기뻐하며 환호성을 질렀다.

마리와 티미가 좋아하는 치즈 케이크 말고도 아빠가 가장 좋아하는 생크림을 얹은 딸기도 있었다. 아빠는 당장 딸기를 집어 들었다. 곧 아빠 접시에는 딸기가 수북이 쌓였다. 아빠는 아주 커다란 딸기를 입 안에 집어넣으면서 알피 삼촌에게 어려운 질문들을 던졌고, 곧 두 사람은 기후 문제에 관한 전문적인 대화에 빠져들었다. 마리와 티미는 지루해서 엉덩이를 들썩들썩하다가, 아빠 등 뒤로 알피 삼촌이 익살스러운 표정을 짓자 '푸하하' 웃음을 터뜨렸다. 그때 마침 아빠가 커피를 더 따르려고 몸을 돌렸다.

"너희는 뭐가 그렇게 웃기니? 진지한 얘기를 나누고 있는데 말이야. 너희, 학교에서 전기가 어디에서 만들어지는지 배웠니?"

아휴, 또 시작이다.

"콘센트에서!"

마리가 소리쳤다. 마리는 자기도 뭐가 아는 것이 있다는 생각에 몹시 자랑스러워하는 표정이었다.

"바보 같은 소리 좀 하지 마!"

티미가 소리쳤다.

"마리야!"

아빠도 어이가 없다는 듯 소리치더니 설명을 늘어놓았다.

"전기는 발전소에서 만들어진단다. 도체를 통해서 전하결합소자가 발생하고, 그 전하량이……."

"무슨 말인지 하나도 모르겠어."

마리는 아빠 얘기가 지루해 문 쪽으로 고개를 돌려 버렸다.

"난 다시 텔레비전 보러 갈래."

"꼬마 숙녀 아가씨, 잠깐만!"

알피 삼촌이 낮은 목소리로 마리를 붙들었다.

"기후는 정말 재미있는 거야. 게다가 중요하고. 내가 너희를 날씨 탐험대로 만들면 어떨까?"

'으, 제발!'

티미가 속으로 부르짖었다.

티미는 곧 의젓한 표정을 지으며 대답했다.

"괜찮아요. 얼마 전에 학교에서 기후에 관해서 이미 배웠어요."

마리는 올해 비로소 학교에 들어갔지만 티미는 마리보다 3학년 위다. 티미도 기후 변화, 온실 효과, 오존층 파괴 같은 말 정도는 안다. 티미는 지구가 점점 따뜻해지고 있다는 것도, 그것이 인간 때문이라는 것도 알고 있다. 그렇지만 티미는 그런 얘기들이 재미없었다.

"내 일을 도와줄 날씨 탐험대가 두 명 더 필요하거든. 중국이랑 아프리카에서는……."

알피 삼촌이 설명하려는데 티미가 버릇없이 말을 끊었다.

"얘기를 들어 봤자 제가 어떻게 알겠어요? 저는 아프리카에 가 본 적도 없고, 중국에 가 본 적도 없는걸요. 우리는 휴가 때면 늘 마요르카*스페인에 있는 유명한 큰 섬. 휴양지에 간다고요."

"오호, 마요르카라. 너희만 원한다면 당장 탐사선을 타고 온 세상을 보여 줄게."

알피 삼촌은 티미를 나무라는 대신에 마리와 티미에게 눈을 찡긋하며 말했다.

마리는 깜짝 놀란 눈으로 알피 삼촌을 쳐다보기만 했는데 티미는 잘난 척하며 따지고 들었다.

"탐사선은 텔레비전에나 나오는 거예요."

"그래? 정말 그럴까? 그럼 한번 마당을 내다보려무나."

알피 삼촌이 아주 태연하게 말했다.

마당에는 정말 아주 커다랗고 둥근 모양에, 은빛과 파란색으로 반짝반짝 빛나는 탐사선이 있었다.

"자, 이제 탐험을 떠날 준비됐니?"

"와, 그럼요!"

티미와 마리가 입을 모아 소리쳤다.

"그래도 되죠, 엄마? 제발요!"

"뭐, 좋아. 그렇지만 옷을 따뜻하게 입어야 한다."

엄마는 아빠를 곁눈질하며 말했다. 아빠도 반대하는 표정은 아니었다.

2 신나는 세계여행이 시작되다

몇 분 뒤에 마리와 티미는 두꺼운 외투에 목도리, 모자, 장갑으로 무장하고 탐사선 앞에 섰다. 탐사선은 테라스 바로 앞, 눈사람 옆에 있었다. 어제 티미와 마리가 아빠와 함께 만든 눈사람이었다. 티미와 마리는 텔레비전을 보고 싶었는데, 아빠가 집 안에만 있는다고 또 한바탕 설교를 늘어놓더니 두 아이를 밖으로 쫓아낸 것이다. 그렇지만 밖에서 눈사람을 만들며 놀아 보니 재미있었다.

"쿨!"

넋을 놓고 탐사선을 바라보던 티미가 탄성을 질렀다.

"걱정하지 마. 이 탐사선은 난방도 된단다."

알피 삼촌이 말했다.

티미는 탐사선에 넋이 나가서 삼촌의 농담도 알아차리지 못했다. 티미는 당장 탐사선으로 달려갔다. 탐사선은 어마어마하게 컸고, 이글루˙북극 지역에 사는 이뉴잇들의 전통 집처럼 생겼으며, 황소 눈 같은 작고 둥근 창문이 빙 둘러 있었다. 창문 둘레에는 수많은 빨간 불들이 반짝거렸는데, 그 빨간 불빛이 눈밭에 반사되었다. 나선형 계단이 탐사선 바닥부터 지붕 꼭대기까지 이어져 있었고, 지붕에는 선탠용 의자와 파라솔, 작은 탁자가 있는 발코니가 있었다.

"삼촌은 외투 없어요?"

마리가 걱정스러운 얼굴로 물었다.

마리는 탐사선에 감탄하기보다는 셔츠와 바지 차림으로 서 있는, 너무나 이상한 모습을 한 삼촌을 빤히 바라보았다.

알피 삼촌은 커다란 털모자를 고쳐 쓰며 말했다.

"난 귀만 따뜻하면 괜찮단다."

"마리, 빨리 와!"

마리는 티미가 재촉하는 소리에 정신을 차렸다.

"저기 봐, 문이 열렸어."

티미는, 어서 안으로 들어오라는 듯 불빛을 내뿜고 있는 반달 모양의 문을 가리켰다.

"걱정 말고 안으로 들어가 봐. 나도 곧 따라가마."

티미는 삼촌의 말이 떨어지기가 무섭게 마리의 손을 붙잡고 탐사선 안으로 뛰어 들어갔다. 탐사선 안에 들어서자마자 두 아이는 그만 입을 딱 벌린 채 그 자리에 멈춰 섰다. 탐사선 안은 정말 엉망진창이었다. 바닥에서 천장까지 발 디딜 틈도 없이 물건들이 꽉 차 있었다. 뭘 만들고 있는 것인지 알 수 없는 금속이나 나뭇조각들, 탈것들, 로봇처럼 생긴 금속 덩어리, 조각 탈, 여러 나라에서 모은 듯한 조각품 등 온갖 물건들이 여기저기 널려 있었다.

마리와 티미는 이것들이 모두 어디에 필요한 물건들인지 도무지 알 수가 없었다. 잡동사니 속에 식탁이 하나 있었고, 의자가 네 개, 반달 모양의 옷장이 한 개 있었다. 부엌에는 엉뚱하게도 침대가 자리를 차지하고 있었다. 욕조 옆에는 조종대가 있었다. 제어 장치, 스위치, 단추, 알록달록한 램프들이 달려 있는 아주 커다란 책상이었다.

마리와 티미는 이런 난장판은 처음 보았다. 지금 서 있는 자리가 그나마 가장 나은 곳 같았다. 달리 빈 자리도 없었다. 사방에 물건이 놓여 있으니 말이다. 마치 물건들이 모두 자기 자리를 찾아 헤매고 있는 것처럼 보였다.

"엄마가 이걸 봤다면, 당장 여기를 청소하기 시작했을 거야."

티미는 혼잣말로 중얼거리고는, 빨랫감이며 책이며 빈 접시며 온갖 물건들이 쌓여 있는 소파를 멍하니 바라보았다.

"그리고 집 안 꾸미기도."

넋을 잃고 주위를 둘러보던 마리도 한마디 거들었다.

"자, 얘들아, 내 집 어때?"

알피 삼촌은 이렇게 묻더니 방 한가운데에 있는 커다란 등받이 의자에 앉았다.

"아야!"

알피 삼촌은 벌떡 일어나 잼 세 통, 수건 두 장, 전구 여러 개와 사슴뿔을 치웠다. 삼촌은 바로 사슴뿔에 엉덩이를 찔렸던 것이다. 삼촌은 아픈 곳을 문질렀다.

마리는 킥킥거리면서 오빠 옆구리를 쿡 찔렀다. 그렇지만 티미는 조종대에 있는 반짝거리는 여러 램프, 스위치 들에 정신이 팔려 있었다.

"이건 어떻게 작동하는 거예요?"

티미가 호기심 가득한 목소리로 묻고는 커다란 빨간색 단추를 눌렀다.

곧이어 덜커덕하더니 시끄러운 소리가 울려 퍼졌다. 꼭 트랙터가 헐떡이는 소리 같았다. 깜짝 놀란 티미는 뒷걸음질하다가 엉덩방아를 찧을 뻔했다. 마리는 "으악!" 비명을 지르며 움찔하고는, 때 지난 신문들 더미 뒤로 숨었다. 알피 삼촌이 웃음을 터뜨렸다.

"호호호, 히히히, 하하하."

삼촌의 웃음소리가 탐사선을 뒤흔들었다. 소파가 심하게 흔들릴 정도였다.

"이, 이, 이게 뭐예요?"

제정신을 차린 티미가 물었다.

알피 삼촌은 뚱뚱한 배를 붙잡고 웃음을 참느라 말도 제대로 하지 못했다. 삼촌은 너무 웃어서 눈물까지 흘렸다.

"너…… 히히…… 비…… 비…… 비상용 발전기를 켰어. 몇 년 동안 사용하지 않은 건데. 저 소리가 얼마나 시끄러운지 까맣게 잊고 있었구나."

그 소리는 바로 디젤 엔진 소리였던 것이다.

"비상 발전기가 왜 필요한데요?"

마리가 시끄러운 소리를 내는 물건을 의심스러운 눈으로 바라보면서 물었다.

알피 삼촌이 자리에서 일어나서 비상용 발전기를 껐다. 그러자 시끄러운 소리도 멈추었다.

"지붕에 있는 태양 발전 장치가 꺼졌을 때 전기를 만들어 내기 위해서지. 그래야 탐사선이 하늘에서 쿵 떨어지지 않지. 햇빛이 없어서 태양 발전 장치가 전기를 제대로 만들어 내지 못하면 따뜻한 코코아를 끓여 마실 수도 없고."

"그렇지만 전기는 발전소가 만드는 거잖아요. 아빠가 그렇게 말씀하셨어요."

티미가 의아하다는 듯이 말대꾸했다.

"맞아요!"

마리도 맞장구쳤다.

"콘센트가 만드는 게 아니고요!"

마리는 자랑스럽게 한마디 덧붙였다.

마리는 아주 정확하게 기억하고 있었다. 마리는 한 번만 들으면 다 기억했다. 오빠와는 다르게 말이다.

"그래, 맞아. 그렇지만 태양을 이용해서 전기를 만들 수도 있단다. 너희도 알겠지만 태양은 아주 뜨겁지. 그 열을 에너지로 만들 수 있단다."

알피 삼촌이 설명해 주었다.

"나도 알아요. 햇빛으로 달걀부침도 만들 수 있어요. 여름에 날이 너무 더울 때면 아빠가 늘 그렇게 말씀하셨어요."

마리가 자신 있게 말했다.

"제발 바보 같은 소리 좀 하지 마. 그건 불가능해. 달걀부침은 엄마가 프라이팬으로 만들 수 있는 거야."

티미가 끼어들었다.

"말도 안 돼! 할머니도 달걀부침 만들 수 있어. 할머니가 만든 달걀부침이 훨씬 더 맛있어."

마리는 슬슬 화를 내기 시작했다.

"싸우지 마, 얘들아. 우리 나라 태양은 달걀부침을 만들 만큼 뜨겁지 않단다. 그렇지만 몇 년 전부터 날씨가 점점 따뜻해지고 있어. 기상학자들은 그걸 지구 온난화라고 부르지. 해마다 지구가 따뜻해지고 있다는 뜻이야."

삼촌이 끼어들었다.

"신난다! 곧 겨울이 없어지겠네요. 그럼 일 년 내내 수영장에 갈 수 있겠네요."

티미가 외쳤다.

"그래! 늘 여름이면, 날마다 물놀이를 할 수 있겠네. 어제처럼 아빠랑 차가운 눈사람을 만들지 않아도 되고."

마리도 한마디 했다.

"물론 일 년 내내 수영장에서 미끄럼을 탈 수 있다면 멋진 일이겠지만, 지구 온난화가 심해지면 안 좋은 일들이 많단다. 그리고 눈사람 만드는 일도 재미있잖니. 나도 어렸을 때 눈사람을 만들고는 했지."

"정말이에요?"

마리가 믿을 수 없다는 표정으로 물었다.

"그럼, 물론이지!"

알피 삼촌이 신이 난 목소리로 대답했다.

"이 세상의 눈이 모두 사라진다고 상상해 보렴. 그렇게 되면 다시는 눈사람도 못 만드는 거야."

"썰매도 못 타고, 스케이트도 못 타고, 눈싸움도 못하고 말이죠. 밖이 아무리 추워도 눈싸움은 언제나 재미있어요."

티미가 거들었다.

"맞아요. 눈이 없는 겨울은 재미없어요."

마리도 한마디 했다.

알피 삼촌은 두 아이의 말에 맞장구를 친 다음 기후 변화에 관해 설명했다. 마리와 티미는 귀를 쫑긋 세우고 삼촌의 말에 귀를 기울였다. 알피 삼촌은 날씨가 늘 지금과 똑같지는 않았다고, 지구가 온통 얼음 세상이었던 빙하기 때에는 일 년 내내 겨울이었고 기온이 10도를 넘는 일이 드물었다고 했다. 물론 그때는 이곳에 살던 동물들도 지금과는 아주 달랐다고 했다. 그때는 이곳에 북극곰이 살았다고 했다.

"북극곰은 정말 귀여워!"

마리가 신이 나 소리쳤다.

마리는 얼마 전에 텔레비전에서 어린 북극곰이 나오는 영화를 봤다. 그때부터 북극곰에 홀딱 빠져 있다. 마리는 생일 선물로 받은 북극곰 인형을 매일 밤 꼭 끌어안고 잔다.

"시간이 흐르면서 기후가 점점 따뜻하게 변했기 때문에 북극곰들은 다른 보금자리를 찾아 떠났지. 북극곰들은 너희와는 달리 이가 덜덜 떨

리게 추운 날씨를 좋아하거든. 요즘 같은 날씨면 북극곰들은 불쌍할 정도로 땀을 뻘뻘 흘리지."

마리는 이마에 땀방울이 송송 맺혀 있는 북극곰을 떠올리고는 또 킥킥거렸다.

"빙하기가 끝나고 나서는 어떻게 되었어요?"

티미가 물었다. 티미는 알피 삼촌의 얘기가 아주 재미있었다. 알피 삼

촌이 들려주는 이야기는 아빠의 설명처럼 지루하지 않았다. 티미는 두 사람이 정말 친형제인지 궁금했다. 티미는 집에 돌아가면 두 사람이 친형제가 맞는지 알아보기로 마음먹었다.

"빙하기가 끝나고 나서 중유럽의 날씨는 수백만 년 동안 아주 더웠단다. 펭귄이랑 북극곰 대신에 사자, 하마, 악어가 살게 되었지. 식물도 지금과는 아주 달랐어. 그때는 이곳에도 야자나무가 있었고, 물은 적어도 되지만 햇볕이 많고 따뜻해야만 잘 자라는 나무들이 살았단다. 그런데 아주 오랜 시간이 흐르자 기후가 또 변했단다. 다시 추워졌지. 여름에는 따뜻했지만 겨울에는 눈이 내리게 되었지. 언제부터인가 하마와 악어가 살기에는 너무 추운 곳이 되어 버렸기 때문에 하마와 악어는 눈이 없는 곳을 찾아 떠났단다."

"날씨가 점점 따뜻해지는 게 좋은 일만은 아니군요. 동물들과 식물들이 다시 이사해야 될 테니까요."

마리는 목도리를 두른 악어와 배낭을 메고 지팡이를 든 하마가 새로운 보금자리를 찾아 길을 떠나는 모습을 눈앞에 떠올려 보았다.

"그래도 괜찮아요. 우리가 12월에도 야외 수영장에서 미끄럼을 탈 수 있다는 게 중요하죠."

티미가 말했다.

"그럼 좋겠지."

알피 삼촌은 이렇게 말하고는 잠시 생각에 잠겼다.

"그렇지만 안 좋은 점도 있단다. 인간이 날씨에 영향을 미치면 더더욱 그렇지. 그 얘기는 나중에 자세히 해 주마."

"그럴 수도 있어요? 인간이 어떻게 날씨에 영향을 미쳐요?"

티미가 못 믿겠다는 투로 물었다.

"인간은 날씨에 아주 큰 영향을 미친단다. 인간은 자기 행동의 결과를 깊이 생각해 보지도 않고 많은 일들을 저지르지. 빨간불일 때 찻길을 건너는 일뿐만이 아니야. 앞으로 여행하는 동안 너희도 알게 될 거야. 이대로 가다가는 지구는 심각한 위험에 빠지게 돼. 그건 그렇고, 우리 가장 먼저 중국에 가 보는 게 어떨까? 티미야, 여기 이 단추를 눌러 볼래? 그러면 탐사선이 출발한단다."

알피 삼촌은 동그란 초록색 단추를 가리켰다.

"중국이요? 좋아요!"

티미는 눈을 반짝이면서 초록색 단추를 눌렀다.

"망가가 중국 거죠?"

"망가●일본어로 '만화'라는 뜻는 일본 거야."

마리가 이렇게 말하더니 기가 차다는 표정을 지었다.

오빠는 늘 헷갈린다니까.

조그맣게 윙 소리를 내며 탐사선이 움직이기 시작했다. 세 탐험가는 첫 번째 목적지로 향했다.

"그렇지만 중국에 가면 아무 말도 못 알아듣잖아요!"

마리가 소리쳤다.

그렇지만 이미 늦었다. 탐사선은 천천히 땅에서 멀어지더니, 마리가 생각했던 것보다 더 빨리 짙은 구름 속으로 사라졌다.

마리는 황소 눈을 통해 밖을 내다보았다. 집이 점점 작아지고 있었다. 굴뚝에서는 연기가 피어올랐다. 늘 그렇듯이 비스듬히 열어 둔 창문들 너머로 불이 환하게 빛나고 있었다. 집 앞에는 새로 청소해서 반짝반짝 빛나는 밴 자동차가 하얀 눈 위에 세워져 있었다.

"누구 따뜻한 코코아 먹을 사람?"

알피 삼촌의 말에 마리가 좋아서 빙글빙글 맴을 돌았다.

알피 삼촌은 전기레인지 쪽으로 가서 밧줄에 널어 둔 양말을 걷었다. 삼촌은 걷은 양말을 냉장고에 집어넣었다. 냉장고는 거대한 얼음덩어리로 만들어졌는데, 커다란 유리문이 달려 있었다. 삼촌은 냉장고에서 우유를 꺼냈다. 마리와 티미는 의아해하는 눈빛을 서로 주고받았다. 그러다가 두 아이는 "와!" 함성을 지르더니, 바닥에 여기저기 흩어져 있는 둥근 모양의 쿠션에 편하게 기대 앉아 달콤하고 따뜻한 코코아를 홀짝홀짝 마셨다.

집에서는 식탁에 앉아서만 음식을 먹거나 마실 수 있었다. 바닥에 음식을 떨어뜨리면 큰일이니까. 엄마는 빵 부스러기와 음식 얼룩에 알레르기가 있어서, 언제라도 쓸 수 있게 식탁용 진공청소기를 늘 빵빵하게 충전해 놓았다. 그런 점에서 엄마는 다림질 중독에 걸려 있는 아빠만큼이나 독특했다. 음식이 바닥에 떨어지면 엄마는 그 즉시 마법을 부리듯 걸레를 휙 꺼내서는 얼룩을 싹싹 닦아 냈다. 사실 집이 늘 너무 깨끗해서 언제든지 바닥에 앉아 먹을 수 있었지만 아쉽게도 엄마는 절대 그것을 허락하지 않았다.

그런데 알피 삼촌의 탐사선에서는 뭐든지 할 수 있었다. 그래서 두 아이는 곧 알피 삼촌이 좋아졌다.

티미가 마지막 코코아 한 방울을 다 마셨을 때, 탐사선이 점점 속도를 줄였다.

"벌써 도착한 거예요? 너무 빠르다."

티미가 실망한 투로 말했다.

티미는 비행하는 동안 재미있는 구경을 많이 하게 될 줄 알았던 것이다. 그런데 티미가 불평을 늘어놓기도 전에 탐사선 문이 열렸다.

마리가 벌떡 일어나 승강구로 달려갔다.

"으! 냄새가 지독해요!"

마리는 이렇게 외치더니 뒷걸음질을 쳤다.

"공장에서 나오는 냄새란다. 저기 검은 연기를 내뿜고 있는 굴뚝들 보이지?"

알피 삼촌이 설명해 주었다.

마리는 고개를 끄덕였다.

티미는 여동생을 밀치고 알피 삼촌을 지나 밖을 내다보았다. 탐사선이 착륙한 곳은 대도시 한가운데 사거리에 있는 신호등 위였다. 신호등이 탐사선 무게 때문에 불안하게 흔들렸다. 신호가 막 빨간불로 바뀌었다. 티미는 조심스럽게 문가에 서서 거리를 내려다보았다.

거리는 온통 사람들로 꽉 차 있었다. 걸어가는 사람들도 있고, 자전거를 타고 가는 사람들도 있었다. 도로에는 자동차들이 빽빽이 차 있었다. 오른쪽을 봐도, 왼쪽을 봐도 하늘을 향해 뻗어 있는 거대한 마천루들뿐이었다. 그렇지만 도시 위에 깔려 있는 시커먼 연기 때문에 빌딩의 윗부분은 보이지 않았다. 지평선에는 공장 굴뚝들이 숲을 이루고 있었다. 공장 굴뚝에서는 시커먼 연기가 뿜어져 나오고 있었다.

"여기는 빨간불에 길을 건너는 사람이 아무도 없네요."

티미는 이렇게 말하고는 몸을 좀 더 앞으로 숙였다.

"그런데 중국 사람들이 어떻게 날씨를 만든다는 거죠?"

티미는 삼촌의 말이 정말인지 빨리 눈으로 확인하고 싶었다.

"그럼, 여기 있는 사람들은 모두 날씨 삼촌이에요?"

마리가 물었다.

"아니. 그런데 중국 사람들만 날씨에 영향을 미치는 게 아니라 세상 사람 모두 날씨에 영향을 미치고 있단다. 유럽 사람들이랑 미국 사람들이 특히 심하지. 산업이 발달한 나라가 이산화탄소를 가장 많이 내뿜거든. 바로 이 이산화탄소가 날씨에 영향을 끼친단다. 우선 탐사선에서 내리자꾸나. 나중에 자세하게 설명해 주마."

두 아이는 기다란 목도리를 집어 들더니 차례로 신호등 기둥을 타고 아래로 내려갔다.

"야호!"

마리는 환호성을 올리며 쓱 내려갔다. 마리는 하마터면 짐받이에 종이 상자를 탑처럼 높이 쌓아 올려 싣고 가는 자전거에 부딪힐 뻔했다. 마리가 깜짝 놀라자, 자전거 주인은 웃는 얼굴로 윙크하더니 가던 길을 계속 갔다.

알피 삼촌은 뚱뚱한 배 때문에 내려오기가 힘겨워 보였다. 삼촌의 무게에 신호등 기둥이 기우뚱해졌다. 알피 삼촌은 마침내 땅에 내려와 마리와 티미 옆에 서서는 리모컨으로 탐사선 문을 잠갔다. 알피 삼촌은 삑 소리와 함께 불이 껌벅이면서 문이 잠기는 모습을 끝까지 지켜본 다음에 이곳이 어디인지 알아보려고 주위를 한 바퀴 둘러보았다.

"여기 진짜 냄새 한번 고약하구나!"

알피 삼촌도 맞장구를 치고는 코를 싸쥐었다.

당장 마리도 삼촌을 따라 했다.

"왜 이렁게 냄새가 고야께용?"

마리가 얼굴을 찌푸리며 물었다.

티미는 마리가 말할 때 나는 코맹맹이 소리가 너무 우스웠다.

"맞아용, 왱 그렁 거예용?"

티미가 자기를 흉내 내자 마리는 오빠에게 눈을 흘겼다.

알피 삼촌은 고개를 내저으며 두 아이를 바라보더니 설명을 하기 시작했다.

"중국에는 십억이 넘는 사람들이 살고 있단다. 세계에서 인구가 가장 많은 나라지."

"십억이면 얼마나 되는 거예요?"

마리가 물었다.

"백만 곱하기 천이지. 말하자면 0이 아홉 개 있는 거란다. 상상할 수 없이 많은 숫자지. 이 사람들도 너희가 갖고 싶어 하는 물건을 사고 싶어 하고, 따뜻한 집에서 살고 싶어 하지. 그러기 위해서 공장을 짓는 거

란다."

"벌써 지었잖아요."

티미가 시커먼 연기를 내뿜는 공장 굴뚝을 비난하는 듯한 눈초리로 바라보며 말했다.

티미의 눈초리를 느낀 알피 삼촌은 이렇게 말했다.

"한 가지 기억할 게 있단다. 유럽과 미국에는 더 많은 공장들이 있다는 사실이지. 그 공장들은 수십 년 전부터 돌아가고 있단다. 그러기 위해 많은 에너지가 필요하고 말이야. 공장들은 검은 연기만 내뿜는 것이 아니라 배기가스도 많이 내뿜는단다. 그렇게 되면……."

"그게 날씨랑 무슨 상관이 있어요? 사람들이 어떻게 날씨를 만드는지 보여 주겠다고 말씀하셨잖아요. 여기는 냄새가 아주 고약한 연기밖에 없는데요."

티미가 투덜거렸다.

"너무 조급하게 굴지 마라, 얘야!"

알피 삼촌이 티미를 나무랐다.

"사람들이 이 나라 저 나라에서 수많은 공장들을 만드는 게 바로 날씨에 영향을 미치는 일이란다. 공기 중에 이산화탄소가 너무 많으면 기온이 높아지기 때문이지. 지구는 점점 따뜻해지고 있고, 기후도 달라지고 있어. 얼핏 들으면 별 것 아닌 것 같겠지만 사실 심각하단다."

"도대체 왜죠? 빙하기가 끝나고 나서도 지구가 점점 따뜻해졌다고 말씀하셨잖아요. 그때는 그게 그렇게 나쁘지 않았잖아요."

마리가 의아해했다.

"사람이 자연의 순환을 바꿔 놓았기 때문이란다. 문제는 그 변화가 너무 빨라서 자연이 그 변화에 적응할 시간이 없다는 거지."

"그럼 중국 사람들이 공장을 더 적게 만들면 되잖아요? 그러면 지구가 더 따뜻해지지 않을 거 아녜요."

티미가 말했다.

"네 말이 맞다. 그렇지만 중국 사람들도 너희와 똑같은 삶을 누리고 싶어 한단다. 중국 사람들도 너희처럼 텔레비전도 갖고 싶고, DVD도 갖고 싶고, 너희가 재미있어하는 물건들을 모두 갖고 싶어 하지. 그러려면 그 물건들을 만들어야 하고 말이야."

"겜보이도요?"

티미가 물었다.

"그럼 물론이지. 우리는 이산화탄소를 엄청 많이 뿜어 대면서 중국 사람들에게는 공장을 적게 만들라고 말할 수는 없잖니? 그건 공평하지 않지. 게다가 중국에 이렇게 많은 공장이 생기는 것은 유럽이랑 미국 탓도

있단다. 선진국에서는 장난감을 만드는 데 돈도 너무 많이 들고 지켜야 할 규칙도 많단다. 대신에 중국에서 그 장난감을 만들면 속임수를 쓸 수도 있고, 돈도 아낄 수 있지. 중국 사람들은 우리보다 훨씬 적은 돈을 받고 일하거든."

"그럼 유럽이나 미국이 공장을 몇 개 줄이면 안 돼요? 그럼 공평해지잖아요."

마리가 고개를 갸웃하며 물었다.

마리 생각에 해결 방법은 아주 간단했다. 온 나라 사람들이 서로 남을 배려하면 되는 것이다. 어느 한 사람에게만 이롭지 않게 하면서, 한 사람 한 사람 자기 몫을 하면 틀림없이 문제를 해결할 수 있을 것이다. 그래 봤자 각자 아주 조금씩만 양보하면 되는 것이다.

"안타깝지만 일이 그렇게 간단하지 않단다, 애야. 왜냐하면 말이지, 인간은 남을 위해서 자기가 가진 것을 내줄 마음의 준비가 되어 있지 않기 때문이지. 사람들은 자기가 가진 것을 지키려고 하고, 심지어 지금 가진 것보다 더 많이 가지려고 한단다."

알피 삼촌의 목소리가 조금 슬프게 들렸다.

"사람들은 바보네요, 안 그래요?"

마리가 말했다.

"맞아. 그렇지만 너희 부모님도 자동차를 내놓고 자전거를 타고 다닐 마음이 없을걸, 안 그래?"

"물론 아니죠! 게다가 날씨가 너무 추우면 아빠가 우리를 학교까지 데려다 주셔야 해요. 우리는 자동차가 필요해요!"

티미가 외쳤다.

"봐라, 내 말이 맞잖니. 사람들은 조금만 돌려 생각하거나 뭔가 바꾸려 하지 않아. 지금 이대로가 편하니까 그냥 살던 대로 살려고 하지. 그래서 세상에는 자동차가 그렇게 많은 거란다."

"백만 곱하기 천 명의 중국 사람들이 모두 자동차를 몰겠다고 하면 어떻게 되는 거죠?"

마리는 이렇게 묻더니 자전거를 타거나 걸어가는 수많은 사람들을 눈을 동그랗게 뜨고 쳐다보았다.

"한편으로는 교통지옥이 생길 테고, 다른 한편으로는 기후가 아주 나빠지겠지. 원한다면 어떤 일이 일어날지 직접 보여 주마. 그러려면 다음 목적지로 떠나야 한단다."

"네, 좋아요!"

두 아이 모두 신이 나서 외치더니, 신호등 기둥을 타고 올라가기 시작했다.

"이제 어디로 가는 걸까?"

티미가 여동생에게 물었다.

"나도 몰라. 그렇지만 거기는 이렇게 고약한 냄새가 나지 않았으면 좋겠어."

마리는 오빠를 따라잡느라고 애쓰며 말했다.

탐사선 문에 다다랐을 때, 알피 삼촌은 바다코끼리처럼 숨을 헐떡였다. 삼촌 얼굴이 새빨갰다.

"깜짝 놀랄 준비를 하거라."

알피 삼촌은 장난기 어린 웃음을 지으며 문을 열었다.

마리와 티미가 무슨 영문인지 몰라 삼촌을 쳐다보자, 알피 삼촌이 재빨리 말을 이었다.

"신사 숙녀 여러분, 꽉 잡으세요. 다음 목적지는 미국입니다!"

4 뭐든지 할 수 있는 나라, 미국

"미국이다!"

마리와 티미가 입을 모아 소리쳤다.

"미국은 힙합의 나라잖아요. 힙합은 정말 굉장해요. 마시멜로랑 햄버거랑 콜라도요."

티미가 신이 나서 조잘댔다.

"그래, 콜라!"

마리가 맞장구쳤다. 갑자기 목이 말라진 마리는 냉장고 문을 열었다. 그렇지만 놀랍게도 냉장고 안에는 알피 삼촌의 양말과 우유 한 통 말고는 아무것도 없었다. 마리는 어쩔 줄 몰라 하며 뒤돌아섰다. 그런데 마리가 무슨 말을 하기도 전에 알피 삼촌이 주스가 들어 있는 병과 잔 두 개를 들고 왔다. 티미도 주스를 따라 달라고 했다. 티미와 마리는 방석에 편히 앉아 주스 잔을 받았다.

"우리 미국에 가서 뭐 해요, 삼촌? 우리를 탐험대로 만들려는 거예요?"

마리는 이렇게 묻고는 오렌지 주스를 홀짝였다.

"오, 예! 그럼 우리 카우보이랑 싸우는 거예요? 영화에서처럼요?"

티미도 거들었다.

"너희 참 재미있구나. 날씨 탐험대가 되면 전혀 싸울 필요 없어. 지구의 날씨를 구하는 일을 돕는 거야."

"우리가요? 우리가 뭘 할 수 있어요? 우리는 고작 어린애잖아요."

마리가 무슨 소리인지 모르겠다는 표정으로 소리쳤다.

"아니야, 너희가 할 수 있는 일들이 아주 많단다. 누구나 할 수 있는 일들이야. 아주 간단해. 하려고 마음만 먹으면 된단다. 나중에 자세히 설명할게. 지금은 우선 밖을 내다보려무나."

두 아이는 벌떡 일어났다. 그 바람에 티미는 반쯤 남아 있던 주스를 쏟고 말았다. 주스가 방석에 쏟아지자, 티미는 화들짝 놀라 삼촌을 바라보았다. 엄마라면 지금 당장 깜짝 놀란 벌처럼 부엌으로 쌩 날아가서 행주를 가져올 것이다. 그런데 알피 삼촌은 배를 쥐고 웃더니 마리에게 윙크하며 이렇게 말했다.

"네 오빠도 나만큼이나 덜렁이구나."

그 말뿐이었다. 그것으로 끝이었다.

마리는 벌써 황소 눈가에 서서 밖을 내다보고 있었다. 탐사선 아래로 아주 작고 반짝거리는 벌레들이 꾸물꾸물 기어가고 있었다.

"저 웃기게 생긴 벌레들은 뭐예요?"

마리는 이렇게 묻고는 아주 느릿느릿 움직이고 있는 벌레들을 지켜보았다.

"벌레가 어디 있어?"

티미가 마리를 옆으로 밀치자 마리도 오빠 옆구리를 쳤다.

알피 삼촌이 두 아이 곁으로 다가갔다.

"여기는 로스앤젤레스란다. 너희가 살고 있는 곳보다 백 배쯤 더 큰 도시지. 그리고 저 아래 보이는 것은 벌레가 아니라……."

"자동차다!"

티미가 소리쳤다. 가까이 다가가자 벌레들이 점점 더 또렷하게 보였던 것이다.

"저건 모두 자동차예요! 한 대, 두 대, 세 대……."

티미는 자동차 수를 세기 시작했다.

탐사선이 있는 곳은 간선도로 위였다. 탐사선은 점점 더 아래로 내려갔다. 이제 운전석에 앉아 있는 사람들 얼굴까지 알아볼 수 있었다. 교통 체증 때문에 자동차들이 다닥다닥 붙은 채 제대로 앞으로 나가지 못

하고 있었다. 마리는 거의 모든 자동차 안에 딱 한 사람만 앉아 있는 것을 보고 깜짝 놀랐다. 어떤 사람들은 차 안에서 커피를 마시고 있었고, 어떤 사람들은 아침 식사로 빵을 먹고 있었다. 어떤 사람들은 심지어 차 안에서 신문을 읽고 있었다.

"…… 열여섯 대!"

티미는 셈을 마쳤다.

알피 삼촌이 탐사선 문을 열었다. 세 사람은 밧줄을 타고 아래로 미끄러져 내려간 뒤, 자동차 지붕을 타고 걸어갔다. 티미는 자동차 안을 들여다볼 때마다 얼굴을 찌푸렸다. 그렇지만 자동차 운전석에 앉아 있는 사람들은 티미가 보이지 않는지 그저 앞만 바라볼 뿐이었다.

"저 사람들은 뭐 하는 거예요? 왜 다들 저렇게 화난 얼굴이죠?"

마리가 어떤 화물차의 짐칸에 앉으며 물었다.

알피 삼촌도 마리 옆에 앉더니 티미에게도 옆에 앉으라고 손짓했다.

"자동차에 앉아 있는 사람들은 모두 일터로 가는 길이란다. 저 사람들이 화가 난 이유는 교통 체증 때문에 일터로 가는 데 너무 오래 걸려서 그럴 거야. 꽉 막힌 도로에서 차 안에 앉아 있기보다는 이불 속에서 잠을 더 자거나 따뜻한 부엌에서 아침 식사를 하고 싶겠지."

"그럼 왜 버스를 타고 가지 않죠? 아빠가 우리를 학교에 데려다 주시

지 못하는 날에는 우리는 스쿨버스를 타고 가요. 스쿨버스를 타면 길이 막히는 법이 없어요. 버스 전용 차선이 있거든요."

마리가 말했다.

"글쎄다, 나도 잘 모르겠구나. 인간은 스스로 삶을 어렵게 만들 때가 많단다."

"그게 왜 궁금해? 너는 자동차 안에 앉아 있는 사람들을 알지도 못하잖아."

티미가 따져 물었다.

"그렇긴 하지. 그렇지만 마리 말이 맞다. 자 봐라, 모두들 얼마나 불만에 가득 찬 얼굴들이니."

"내 말이요! 직장에서 스트레스 받고 늦게 들어왔을 때 아빠 얼굴이랑 똑같아요. 아니면 우리가 음식을 남겼을 때 아빠 표정이요. 아니면 일요일 아침에 아빠가 화낼 때 표정이랑 똑같아요."

알피 삼촌은 마리에게 의미심장한 눈빛을 보내고는 설명을 계속했다.

"기상학자로 일하다 보면 기후보다도 인간에 관해서 더 많이 배우게 된단다. 행복이란 무엇인지, 만족하며 사는 것이 어떤 것인지 말이야."

마리와 티미는 놀란 눈으로 서로 마주 보았다. 학교에서 배우는 기후는 완전히 딴판이었기 때문이다. 학교에서 기후에 관해서 배울 때는 한

번도 본 적이 없는 구름들 이름을 외워야 했다. 이름도 이상한 구름들을. 얼마 전에는 난층운이라는 구름을 한번 보겠다고 거의 하루 종일 하늘을 쳐다봤지만 그 구름은 나타나지 않았다.

"알피 삼촌, 무슨 말인지 하나도 모르겠어요. 자세히 설명해 주세요."

"호호호, 히히히, 하하하."

아이들의 말에 알피 삼촌은 배를 들썩들썩하며 크게 웃었다. 삼촌의 웃음소리가 울려 퍼졌다.

"아빠한테 기후에 관해서 이미 한바탕 설교를 들었을 텐데, 안 그래?"

삼촌이 어떻게 알았을까? 마리와 티미는 삼촌이 재미있기만 한 게 아니라 조금 무섭다는 생각이 들었다. 삼촌이 속마음도 읽을 줄 아는 걸까? 기상학자들은 그런 것도 할 줄 알아야 하는 걸까? 만약 그렇다면 산타 할아버지가 이번 크리스마스에는 우리가 소망 나무에 적은 선물을 주실지 어떨지도 말해 줄 수 있을까? 지난해에는 그렇지 않아서 정말 실망했다.

"아빠가 일요일 아침에 기분이 나쁜 것은 기후랑은 상관없어요. 우리가 여섯 시 삼십 분에 아빠가 깼는지 보려고 아빠 방에 쳐들어가기 때문이죠. 아빠는 그게 재미없나 봐요."

마리가 말했다.

자동차에 앉아 있는 사람들이 불만에 가득 차 보이는 것은 새벽부터 자기가 깼나 보려고 누가 방에 들어오기 때문이 아니었다. 저 사람들이 화가 난 것은 교통 체증 때문에 꽉 막힌 길에 앉아 쓸데없이 시간만 너무 많이 빼앗기고, 막상 자유 시간은 너무 적기 때문이라고 알피 삼촌이 설명해 주었다.

마리는 차 안에 혼자 있어서 그런 것은 아닐까 하고 속으로 생각했다. 재미있는 이야기를 들려줄 사람도 없고, 장난을 칠 사람도 없다면 얼마나 지루할지 마리는 상상이 갔다. 마리는 가장 친한 친구 야나랑 야나의 언니 레베카와 함께 엄마 차를 타고 발레 수업을 받으러 갈 때면 가는 동안 아주 재미있어서 발레 교습소에 도착할 때마다 늘 아쉬웠다. 발레 수업 시간에는 절대로 웃으면 안 되었다. 발레 선생님은 수업할 때 아주 엄했다.

"사람들의 기분이 나쁜 것도 기후 때문이에요?"

마리가 물었다.

"직접적으로는 아니야. 자동차가 움직이려면 벤진이 필요하지. 벤진은 석유로 만들어. 벤진이 타면서 자동차가 움직이게 되지. 이때 배기가스가 나와. 중국의 공장 굴뚝에서 나오던 연기처럼 말이야. 너희도 알겠지만 냄새가 아주 고약하지."

"그리고 날씨를 엉망으로 만들고요."

티미가 또 잘난 척하며 끼어들었다.

"그렇단다. 그런데 이산화탄소 자체는 그렇게 나쁘거나 위험한 게 아니야. 그 이유는 브라질에 가서 설명하는 게 좋겠구나. 다음 목적지는 브라질이란다!"

마리는 여러 나라들을 여행해서 벌써 정신이 없었지만, 티미는 신이 나서 가장 먼저 밧줄을 타고 탐사선으로 돌아가서는 초록색 단추를 눌렀다.

5 열대 우림 한가운데, 남아메리카

이번 비행은 전보다 더 짧았다. 탐사선 문이 윙 하고 닫히기가 무섭게 벌써 목적지에 도착했다. 알피 삼촌이 털모자를 벗을 새도 없었다. 그렇지만 마리는 벌써 목적지에 도착했다는 것을 믿을 수 없었다. 창밖을 내다보니까 아직 땅에서 멀리 떨어져 있었기 때문이다.

갑자기 탐사선이 덜컹 흔들렸다. 두 아이는 깜짝 놀라 알피 삼촌을 꼭 붙잡았다. 알피 삼촌도 한순간 깜짝 놀란 듯했다. 삼촌은 무슨 일인지 알아보려고 조종대 화면 쪽으로 걸어갔다.

곧이어 삼촌의 목소리가 들렸다.

"워워워. 우리가 나무 꼭대기에 착륙했구나."

알피 삼촌은 자동 운전 장치를 끄더니 변속기를 끝까지 밀었다가 다시 당겼다. 그러자 탐사선이 다시 덜컹거리더니 나무에서 빠져나왔다. 알피 삼촌은 탐사선을 주차한 다음에 지붕에 있는 채광창을 열었다.

마리와 티미는 조심스럽게 밖을 내다봤다가 움찔하며 물러섰다. 신호등 위보다 땅과 더 멀리 떨어져 있었고, 세찬 바람이 불고 있었다. 날씨가 무척 따뜻했는데도 두 아이는 목도리를 두른 다음, 삼촌과 함께 밖으로 나왔다. 까마득한 아래를 내려다보는 사이에 바람이 마리의 목도리를 채 가서 마리는 하마터면 목도리를 잃어버릴 뻔했다. 때마침 알피 삼촌이 목도리를 낚아채서 다시 풀리지 않게 목도리를 단단히 매 주었다.

"여기 나무들은 엄청 크네요. 우리 마당에 있는 떡갈나무보다 세 배는 더 커요. 굉장하다!"

티미가 감탄했다.

"이 나무에서 그네 타면 정말 재미있겠다. 아빠한테 그네 만들어 달라고 하게 한 그루만 집으로 가져가야겠어요. 정말 멋지고 울창한 숲이네요. 이곳에서는 기후 걱정은 안 해도 되겠어요, 그렇죠?"

마리가 신이 나서 말했다.

알피 삼촌은 사랑스러워 죽겠다는 듯 마리의 머리를 쓰다듬었다.

"이론적으로는 그렇지. 사실 이산화탄소는 원래 해로운 기체가 아니란다. 너희가 내쉬는 숨결에는 물론이고 탄산수 안의 작은 거품에도 이산화탄소가 들어 있단다."

"탄산수의 거품은 정말 재미있어요. 전 엄마가 안 볼 때면 늘 빨대로 거품을 만들어요."

마리가 무슨 음모라도 밝히듯 비밀스러운 목소리로 말했다.

티미는 그 사이에 나무 꼭대기에 올라가 밖으로 멀리 뻗어 나간 굵은 나뭇가지 위를 걷고 있었다. 티미는 몸의 균형을 잡으면서 놀란 눈으로 주위를 둘러보았다.

"나무들은 이산화탄소를 좋아하잖아요, 안 그래요? 학교에서 배웠어요. 정확하게 기억하는걸요."

티미가 말했다.

"맞단다. 나무를 비롯해서 식물들은 모두 살기 위해 이산화탄소가 필요하지."

"그리고 햇빛도 아주 중요하고요. 맞죠, 알피 삼촌?"

티미는 이렇게 덧붙이면서 여동생에게 자랑스러운 눈빛을 던졌다.

"그래, 네 말이 맞다."

알피 삼촌이 맞장구치자 마리는 오빠의 똑똑함에 놀랐다.

"식물은 이산화탄소를 빨아들인 다음 햇빛을 이용해 산소로 바꾸지. 그리고 인간은 숨을 쉬기 위해 산소가 필요하고 말이야."

"자연은 참 똑똑하네요."

마리는 깊은 인상을 받은 듯했다.

"정말 그래. 그런데 안타깝게도 인간들이 공장과 발전소를 너무 많이 만드는 데다가, 숲의 나무들을 너무 많이 베어 내고 있단다. 난방을 하고, 종이와 가구를 만들고, 농사지을 땅으로 만들려고 숲을 베어 없애는 거지."

"기후한테는 반가운 일이 아니겠네요, 안 그래요?"

마리가 물었다. 마리는 삼촌의 얘기가 아주 재미있었다. 마리는 굵은

나뭇가지를 휘감고 있는 리아나*열대산 칡 줄기에 앉았다. 꼭 그네 같았다. 마리는 리아나 줄기에 앉아 처음에는 천천히, 그러다가 점점 더 빨리, 하늘 높이 오를 때까지 발을 굴렀다.

"그렇단다. 지금 남아 있는 나무들로는 인간들이 뿜어 대는 엄청난 양의 이산화탄소를 모두 산소로 바꾸기가 힘에 부치단다. 그래서 지구를 둘러싼 공기가 점점 더 뜨거워지는 거지."

"온실 효과 말이군요?"

티미가 끼어들었다. 티미는 두 팔을 옆으로 뻗은 채 몸의 균형을 잃지 않도록 조심스럽게 한 발 한 발 앞으로 내딛었다.

"무슨 효과라고요?"

이제 일곱 살인 마리도 웬만큼 알 건 다 알았지만 온실 효과는 처음 듣는 말이었다.

알피 삼촌은 뚱뚱한 배 위로 손을 비비더니 설명을 시작했다.

"그러니까 말이지. 정원에 있는 온실과 같은 거야. 온실의 창문을 모두 닫아 놓으면, 유리 지붕으로 햇빛이 비쳤을 때 온실 안이 아주 따뜻해지지. 그것은 좋은 일이란다. 식물들이 더 잘 자랄 수 있으니까. 너희 아빠가 그렇게 좋아하는 딸기도 더 빨리 익고 말이야."

"음, 딸기. 뭐 먹을 것 좀 있어요? 배가 고파지는데요."

티미가 말했다.

"물론이지. 세탁기 안에 과자 상자가 몇 개 남아 있을 거야. 금방 가서 가져오마."

"근데 날씨랑 온실이랑 무슨 상관이 있는데요?"

마리가 호기심 가득한 목소리로 캐물었다.

"아 그래, 내가 잊어버릴 뻔했구나. 만약에 열기가 지구의 두꺼운 보호막에 갇혀서 밖으로 빠져나가지 못하면 지구는 점점 더 뜨거워지지. 이것을 지구 온난화라고 부르는데, 인간에게 아주 해로운 결과를 낳는단다. 기후가 너무 빨리 변하기 때문이지."

"그럼 빙하기 때처럼 북극곰이랑 물개가 또 다른 곳으로 이사해야 하는 거예요?"

마리가 물었다.

"바로 그거란다. 인간들도 고통을 겪게 돼. 특히 비가 잘 내리지 않는 나라 사람들은 물이 부족해져서 고통을 겪게 되지. 그렇지만 그 얘기는 나중에 하자. 지금은 우선 탐사선으로 돌아가서 과자를 찾아보자꾸나."

앞으로 날씨 탐험대가 될 두 아이는 삼촌의 말이 떨어지기가 무섭게 바람처럼 쌩 하고 탐사선으로 달려갔다. 그리고 아수라장 속에서 세탁기를 찾기 시작했다. 물론 세탁기는 욕실에 있지 않았다.

두 아이는 과자를 실컷 먹어 치우고 나자 다음 여행을 떠날 힘이 솟는 것 같았다. 탐사선이 출발하자 알피 삼촌이 지금 아프리카로 가는 길이라고 털어놓았기 때문에 두 아이는 무척 들떴다. 기린, 사자, 얼룩말, 코끼리, 호랑이와 같이 아프리카에 사는 동물들을 동물원에서 본 적은 있지만 야생 동물들을 직접 보는 것은 아주 색다른 일이기 때문이었다.

　마리와 티미는 새삼 알피 삼촌을 만나서 아주 좋았다. 알피 삼촌과 이렇게 재미있는 여행을 한 게 무척 자랑스러웠다. 학교에 가서 아이들에게 자랑할 이야기가 생겼기 때문이다. 게다가 알피 삼촌에게서 기후에 관해 정말 재미있는 사실들을 배웠기 때문이다. 학교에서 기후에 관해 배울 때는 전혀 귀를 기울이지 않던 티미조차도 삼촌이 들려주는 이야기에는 아주 열심이었다. 알피 삼촌의 설명은 아빠의 지루한 설교와는 비교도 안 되었다. 티미는 자기랑 여동생도 지구 온난화를 막기 위해 뭔가 할 수 있다는 것이 무척 자랑스러웠다.

　그런데 내일 아침 파울과 라르스에게 들려줄 이야기를 생각해 보기도 전에 탐사선이 벌써 도착했다. 이글이글 타는 햇살에 탐사선 지붕에 있는 태양 전지판이 빵빵하게 채워져 알피 삼촌이 기뻐했다. 알피 삼촌은 행복한 얼굴로 조종대 앞에 서서는 태양 전지판에 모인 에너지를 저장하기 위해 여러 손잡이를 이리저리 움직였다.

갑자기 마리가 소리쳤다.

"앗, 모래밖에 안 보이잖아. 동물들은 어디 있는 거예요?"

티미도 창가로 달려가 밖을 내다보았다. 탐사선이 착륙한 곳은 사막 한가운데였다. 티미가 상상한 아프리카는 이렇게 쓸쓸하고 황량한 모습이 아니었다. 눈에 보이는 것이라고는 모래와 모래 언덕, 오직 모래뿐이었다. 공기가 아른아른 떨렸고, 햇살도 따가웠다.

"이곳은 사하라 사막이란다. 세상에서 가장 큰 사막이지. 사하라 사막은 넓이가 9백만 제곱킬로미터나 되고 홍해에서 대서양까지 뻗어 있단다. 6천 킬로미터나 되는 거리지. 상상할 수도 없이 길단다."

"뭐라고요? 수천 킬로미터나 되는 곳이 오직 모래뿐이란 말이에요? 굉장하다! 엄청나게 큰 모래 상자네요."

티미가 말했다.

"그렇지만 저 밖에서 놀기에는 더울 것 같은데."

알피 삼촌이 한마디 했다.

"사막 가장자리에는 아직 식물들이 좀 자란단다. 그리고 사막에는 아직도 오아시스가 있지. 물줄기와 나무가 있는 곳이야."

"저도 오아시스는 알아요."

마리가 오빠를 곁눈질하며 말했다.

"어쨌든 지구가 점점 더 뜨겁고 메마르게 되면 사하라 같은 사막들이 점점 더 커진단다. 그렇게 되면 동식물은 물론 인간도 해를 입게 되지. 사막에서는 아무것도 자라지 못하거든."

"여기는 왜 이렇게 뜨겁고, 모래밖에 없는 거예요?"

마리가 물었다.

"이곳에는 비가 거의 내리지 않아. 물이 없는 곳에서는 식물도 자라지 못하지. 그래서 이곳에는 모래만 있는 거야."

"그럼 사람들은 다 어디 있어요? 아프리카에는 사람이 살지 않나요?"

티미가 깜짝 놀란 얼굴로 물었다.

"아냐, 아냐. 아프리카에도 브라질의 열대 우림과 비슷한 곳이 있고, 이곳 사막에도 사람들이 살고 있단다. 오아시스에 말이야."

"그곳에는 마실 물이 넉넉해요?"

마리가 날카로운 질문을 했다.

"엄마는 내가 물을 조금 마신다고 늘 야단쳐요. 물을 많이 마시지 않으면 잘 자라지 못한대요."

"음, 그건 엄마가 꾸며 낸 이야기란다."

알피 삼촌은 고개를 저으며 말했다.

"그건 그렇고 이곳 사람들은 물이 부족하단다. 아프리카에 사는 사람들이 대부분 굶주림에 시달리고 있다는 얘기를 너희도 들어 봤을 거야. 물이 부족해서 그런 것이기도 해. 아프리카에 사는 아이들은 슈퍼마켓에 가서 자기가 좋아하는 요구르트나 빵을 살 수 없단다. 이곳 아이들은 자기가 먹을 음식을 직접 길러야 해. 그런데 비가 안 와서 곡식들이 말라 버리면 먹을 게 부족해지지. 아프리카 사람들은 먹을 것이 넉넉한 적이 별로 없었고, 먹을 것이 아예 없는 적도 있었지. 그래서 지구가 점점

더 뜨거워져도, 사막이 더 커져도 안 되는 거란다. 그러면 이곳 사람들은 먹을 게 없어서 굶어 죽게 돼."

"일 년 내내 여름이면 왜 나쁜지 이제 알 것 같아요. 그렇게 되면 이곳은 더 더워질 테니까요. 그럼 날마다 수영장에 가도 전혀 즐겁지 않을 거예요."

티미가 말했다.

"그리고 앞으로는 하루 종일 비 온다고 화내지 않을래요. 그 비를 반가워할 식물들과 사람들이 있다는 것을 알게 되었으니까요. 비가 와야 먹을 것을 거둘 수 있을 테니까요."

마리도 한마디 했다.

"그래, 네 말이 맞다. 이리 오렴, 밖에 나가 보자꾸나. 이곳이 얼마나 더운지 직접 느낄 수 있게 말이야."

알피 삼촌이 말했다. 알피 삼촌이 탐사선 문을 열자 뜨거운 바람이 불어왔다.

마리는 조심스럽게 탐사선 밖으로 발을 내딛었다. 그렇지만 마리는 탐사선의 그늘을 벗어나지 못했다. 햇살이 참을 수 없이 뜨거웠기 때문이다. 티미도 조금 거리를 두고 마리를 뒤따랐는데, 알피 삼촌이 두 아이한테 다가왔을 때 티미의 이마에는 벌써 땀이 흐르고 있었다.

"후아, 정말 이곳에서는 밖에서 놀고 싶지 않겠어요. 차라리 겨울이 낫겠네요."

티미는 뜨거운 햇살에 아른아른하는 공기를 바라보며 말했다.

"다음 목적지에 가면 따뜻한 햇살을 그리워하게 될 거다."

"뭐라고요? 벌써 집으로 돌아가는 거예요?"

두 아이가 눈을 동그랗게 뜨고 물었다.

"아니야. 그게 아니야. 다음 목적지는 너희 동네 겨울보다 훨씬, 훨씬 더 추운 곳이란다."

"뭐라고요? 그런 곳이 어디 있어요!"

마리가 깜짝 놀란 목소리로 외쳤다.

"오, 있단다. 너희가 몰라서 그렇지. 바로 북극이란다."

7 영원한 얼음 나라 북극으로

"저 밖은 정말 추워 보이는데요. 아프리카는 그렇게 덥더니. 여기는 지금 우리 집처럼 매서운 겨울이네요, 으으!"

북극에 도착해서 알피 삼촌이 탐사선 문을 열려고 하자 마리가 투덜거렸다.

이번 비행도 순식간에 끝났다. 이번에 도착한 곳은 아프리카의 무더운 사막과 정반대였다. 갑자기 탐사선 안이 아주 환해졌는데, 엄청 큰 새하얀 얼음에 햇빛이 반사되어 반짝이는 것이었다.

"빙산이 이렇게 클 줄은 상상도 못했어요. 동물원에서 본 빙산은 겨우 3미터였는데 여기 빙산들은 빌딩만 하네요."

티미가 감탄 어린 목소리로 말했다. 티미는 목을 움츠리며 눈을 감았다. 반짝거리는 빛에 눈이 너무 부셨기 때문이다.

티미는 온통 새하얀 얼음산이 지나가는 모습을 넋을 놓고 바라보았다. 창가에 작은 눈꽃이 매달려 있었는데 정말 예뻤다. 그런데 갑자기 귀가 찢어질 듯한 천둥소리가 울려 퍼졌다. 마리와 티미는 창문에 코를 박고는 놀라움에서 헤어나지 못했다. 20미터는 되어 보이는 빙산에서 떨어져 나온 커다란 얼음덩어리가 시끄러운 소리와 함께 무너져 내렸다. 물이 몇 미터 높이나 튀었고, 엄청난 물살에 탐사선이 흔들렸다.

"저런 건 처음 봐요. 무슨 일이죠?"

마리가 흥분한 목소리로 소리쳤다.

"여기서는 날마다 일어나는 일이란다."

알피 삼촌이 아무 일도 아니라는 듯 말했다. 그러고는 곧이어 말을 이었다.

"빙산의 조각이 떨어져 나간 것뿐이지. 너무 자주 일어나지만 않는다면 그렇게 나쁜 일은 아니란다. 그렇지만 지구가 점점 따뜻해지는 탓에 이곳에도 변화가 일어나고 있단다."

"어떻게요?"

마리가 목도리를 두르며 물었다. 삼촌이 탐사선 문을 열고는 밖으로 발을 내딛었기 때문이었다.

"저는 아무것도 못 느끼겠는데요. 끔찍하게 춥다는 것밖에는 아무것도 안 느껴져요."

"따라오렴, 내가 설명해 줄게."

알피 삼촌은 얼음판을 성큼성큼 걸어갔다.

"밖에 나가야 해요? 너무 추워요."

티미도 꾸물댔다.

"어서, 얘들아. 너희는 이미 여러 모험을 했고 이제 곧 진짜 날씨 탐험대가 될 텐데, 춥다고 밖에 나가기 싫다는 거니? 실망스럽구나!"

알피 삼촌의 목소리는 조금 화가 난 듯했다. 알피 삼촌은 고개를 내젓더니 다시 얼음판을 힘차게 걷기 시작했다.

마리와 티미는 어깨를 으쓱하고는 삼촌을 따라갔다. 그렇지만 몇 걸음 내딛자 곧 발밑에 얼음이 삐걱거렸다. 그 소리는 점점 더 커졌다. 티미는 걱정스러운 눈빛으로 여동생을 흘깃 쳐다보았다.

무슨 일이지? 얼음이 단단하지 않은 걸까?

마리는 열심히 걸으면서 주위를 둘러보느라 정신이 없었다.

티미는 잠깐 멈춰 섰다. 그렇지만 티미는 겁쟁이가 아니었다. 이제 다 큰 사내애였다. 티미는 계속 걸어가기로 마음먹었다. 티미는 조심스럽게 왼발을 오른발 앞에 내딛었다. 그 순간, 바로 발밑으로 쩍 하고 얼음 깨지는 소리가 났다. 티미는 피가 얼어붙는 듯했다. 티미는 한순간 숨을 죽이고는 뒤돌아서서 목도리를 휘날리며 탐사선으로 달아났다.

"호호호, 히히히, 하하하."

저만치 알피 삼촌의 웃음소리가 울려 퍼졌다. 도망치는 티미의 모습이 아주 우스꽝스러웠던 것이다. 그렇지만 알피 삼촌은 곧 진지해졌다.

"걱정하지 마라, 얘들아. 너희에게는 아무 일도 일어나지 않아. 그렇지만 무서우면 그냥 안으로 들어가자꾸나. 탐사선을 타고 빙산을 한 바퀴 돌지 뭐. 그럼 너희도 잘 구경할 수 있을 테고, 추위에 떨지 않아도 되고 말이야."

삼촌은 두 아이를 탐사선 안으로 데리고 들어갔다. 세 사람 뒤로 덜커덕 문이 닫혔다.

곧 세 사람은 가장 큰 황소 눈으로 달려가 밖을 내다보았다. 바다코끼리 두 마리가 얼음덩어리 위에 앉아 있었는데, 마리는 곧 바다코끼리한테 홀딱 빠져서 넋을 놓고 바라보았다. 마리는 북극곰도 보고 싶었지만 북극곰은 모습을 드러내지 않았다.

"그런데 이곳 기후는 뭐가 문제인데요?"

조금 뒤에 티미가 호기심 어린 목소리로 물었다.

"보기보다 심각하단다. 마리 말대로 이곳은 아직도 몹시 춥긴 하지. 우리가 느끼기에는 말이야. 그렇지만 이곳도 많이 따뜻해진 거란다. 그래서 어마어마하게 큰 빙산 조각이 녹아서 무너지고, 그 얼음덩어리들이 옛날보다 더 빨리 녹고 있어."

"봄에 눈이 녹는 것처럼요? 저는 봄이 되어 눈이 녹는 걸 볼 때마다 늘 기뻐요. 그럼 아침에 학교 갈 때 그렇게 으스스하지 않거든요."

마리가 말했다.

"그래. 그런데 빙산이 모두 녹으면 아주 많은 물이 생긴단다. 너희가 만든 눈사람이 녹을 때와는 비교도 안 되게 훨씬 더 많이. 빙산이 녹은

물은 바다로 흘러들게 되고, 그렇게 몇 년 동안 계속되면 바닷물의 높이가 올라가지."

"그럼 물고기들한테 더 좋은 거 아녜요? 물고기들이 헤엄치기 더 좋잖아요, 아닌가요?"

마리가 의아하다는 듯 물었다.

"물고기들이 좋아하기는 하겠지만, 바닷물이 계속 높아지면 언젠가는 남태평양에 있는 낮은 섬들이 모두 물에 잠기게 된단다. 그 아름다운 섬들이 말이야."

"마요르카도요?"

티미가 깜짝 놀라 물었다. 티미는 마요르카가 섬이라는 것을 알고 있었다. 티미는 늘 여름휴가를 보내고는 하는 아름다운 마요르카가 사라지는 것이 싫었다.

"아니, 마요르카는 아주 크고 높은 섬이야. 몰디브 같은 섬이 물에 잠기게 되지. 몰디브는 인도양에 있는 산호섬인데 수백 개의 작은 섬들로 이루어져 있단다. 이대로 가면 그 섬들을 볼 수 없게 될 날이 올 거야. 그리고 독일을 비롯해서 네덜란드나 덴마크의 바닷가에 사는 사람들도 위험하게 된단다. 만약 해일이라도 일게 되면……."

"사람들의 발이 젖게 되죠."

티미가 끼어들었다.

"으으, 발이 젖는 거 싫어요!"

마리가 소리쳤다.

"발이 젖는 것은 아무것도 아니지. 일이 그렇게 간단하지 않단다. 바다와 가까운 곳에 있는 집들이 물에 잠길 테고, 최악의 경우에는 물에 빠져 죽는 사람들도 생길 거야."

"아! 정말 끔찍하네요. 아름다운 섬들이 사라지는 것도 정말 싫어요. 그럼 그곳 사람들은 어떻게 해요? 다른 곳으로 이사해야 하잖아요? 그렇게 되도록 놔두면 안 돼요! 무슨 수를 써야 해요."

티미가 걱정스러운 얼굴로 말했다.

알피 삼촌은 티미와 마리가 이대로 가면 안 된다는 것을 깨달아서 기뻤다. 아이들은 석유, 석탄, 천연가스, 목재와 같은 천연자원을 무한하기라도 한 양 함부로 쓰고, 배기가스와 이산화탄소를 마구 내뿜다가는 결국 그 대가를 치러야 한다는 것을 깨달았다. 세상은 셀프서비스 가게가 아니다. 자연이 심하게 망가지면 돌이킬 수도 없는 것이다. 습관이 쉽게 바뀌는 것도 아니고, 결과야 어떻든 그냥 이제까지 해 온 대로 사는 것이 편하겠지만 계속 이대로 갈 수는 없는 일이다. 일단 사람들이 달라져야겠다는 마음만 먹으면 그 다음은 그렇게 어렵지 않을 것이다.

"네 말이 맞다, 티미야. 너희가 환경을 지키기 위해 스스로 할 수 있는 일들을 많이 생각해 내리라고 믿어. 그건 너희 자신을 위한 일이기도 해. 다른 사람들에게 너희 생각을 전하고, 그들을 동참하게 만드는 것이 날씨 탐험대로서 할 일이야. 그것이 중요하고 꼭 필요한 일일 뿐만 아니라 큰 보람도 느끼게 된다는 것을 곧 알게 될 거야. 그렇지만 일단 마지막 목적지로 떠나자꾸나."

"어디로 가는데요?"

티미가 호기심 어린 목소리로 물었다.

"맞아요, 어디 가요? 이미 온 세상을 다 돌아봤잖아요."

마리가 말했다.

알피 삼촌은 비밀스럽게 눈을 깜박거렸다. 마지막으로 아주 특별한 여행을 생각해 두었기 때문이다.

"우리는 아주 딴 세상으로 들어가게 된단다. 놀랄 준비해라."

알피 삼촌은 알 수 없는 소리만 했다.

알피 삼촌은 여행으로 피곤한 것 같았다. 삼촌은 초록색 출발 단추를 누르자마자 곧 소파에 널브러졌다. 삼촌은 브라질에 남아 있는 열대 우림을 다 베어 버릴 것처럼 어떤 일이 있어도, 아무리 깨워도 절대 일어나지 않을 것처럼 세상모르고 코를 골았다.

"삼촌이 안 깨서 탐사선이 이상한 데로 날아가면 어떻게 하지?"

마리가 조금 걱정스러운 표정으로 묻고는 삼촌의 코를 막았다. 소파에서 잠든 아빠가 너무 크게 코를 골아서 텔레비전 소리가 들리지 않을 때면 마리는 아빠 코를 막고는 했다. 그러면 아빠는 벌떡 일어나서 자기는 자면서 절대 찍 소리도 내지 않았다고 부르짖고는 했다.

"난 그러면 멋질 것 같은데. 상상해 봐, 우리가 범선 위에 착륙해서 해적에게 붙잡히는 거야. 해적이 우리를 외딴섬으로 끌고 가서 우리한테 보물을 지키라고 하는 거지. 그 해적이 또 배를 털면 우리도 한몫 얻을지 몰라."

티미는 그 모습이 눈앞에 생생하게 그려졌다.

"와아! 그럼 우리 배를 타고 온 세상을 돌자. 그러면서 사람들에게 어떻게 하면 기후를 구할 수 있는지 얘기해 주는 거야. 그렇게 할 수만 있다면 정말 좋겠다!"

마리도 신이 나서 이리저리 폴짝폴짝 뛰며 말했다.

그 소리가 하도 커서 알피 삼촌이 깨어났다. 삼촌은 기지개를 늘어지게 켜더니 잇따라 일곱 번이나 하품을 한 뒤에야 두 아이에게 마지막 목적지를 알려 주었다. 삼촌의 말을 들은 마리는 더 흥분해서 뚱뚱한 안락의자 둘레를 한 발로 폴짝폴짝 뛰어다녔다.

"우리는 니모한테 간다, 우리는 니모한테 간다!"

마리는 아주 신이 나서 노래까지 불렀다. 마리는 자기한테 굴러든 행운을 믿기가 어려웠다. 마리는 티미와 함께 조종대 앞에 서서, 탐사선이 천천히 깊은 바닷속으로 가라앉는 모습을 보여 주는 수많은 화면들을 지켜보았다.

갑자기 주위가 깜깜해졌다. 그렇지만 탐조등 불빛에 아주 많은 것들이 보였다. 한 무리의 알록달록한 물고기 떼가 호기심 어린 눈빛으로 탐사선을 바라보았고, 바다 밑까지 탐사선을 따라왔다.

"저기 봐, 상어다!"

티미가 깜짝 놀라 소리쳤다. 티미는 겁이 나면서도 신이 났다.

"어디?"

마리도 보고 싶어 알피 삼촌을 지나 오빠 쪽으로 갔다.

"저 상어가 우리를 공격할까요?"

마리의 말에 알피 삼촌은 웃음을 터뜨렸다.

"호호호, 히히히, 하하하."

삼촌의 웃음소리가 탐사선 안을 뒤흔들었다. 신발장에 들어 있는 그릇들이 덜거덕거릴 정도였다.

"저건 고래상어란다. 전혀 해롭지 않은 동물이야. 너희한테 아무 짓도 안 해. 아주 큰 고래상어는 길이가 18미터나 되지만 플랑크톤만 먹는단다. 아이들은 절대 잡아먹지 않아."

마리는 플랑크톤이 뭔지는 몰랐지만 일단 마음이 놓였다. 저 거대한 동물이 아이를 잡아먹지만 않는다면 안심이었다.

"여기는 도대체 어디예요? 여기가 마요르카의 바닷속이에요?"

마리가 호기심 어린 얼굴로 물었다.

"아니. 지금 우리가 있는 곳은 몰디브란다. 마요르카에서 수천 킬로미터 떨어져 있지. 이리 오렴, 바다 세계를 가까이서 보자꾸나."

알피 삼촌이 웃음 띤 얼굴로 말하더니 침실로 사라졌다. 침실에서 달그락 소리가 들려왔다.

"도대체 어디 있지?"

달그락 바스락 소리와 함께, 옷장에서 먹먹한 목소리가 울려 퍼졌다.

한참 뒤에 알피 삼촌이 스쿠터처럼 보이는 것을 끌고 돌아왔다.

"어딘가에 스쿠터가 있을 줄 알았다니까. 난 절대 물건을 잃어버리는 법이 없지."

알피 삼촌은 다시 침실로 사라졌다. 알피 삼촌은 침대 밑으로 기어들었다가 뚱뚱한 배 때문에 침대 밑에 끼여서 하마터면 못 나올 뻔했다. 삼촌은 결국 먼지를 뒤집어쓴 스쿠터 두 대를 더 가지고 나왔다. 삼촌은 낡은 파자마로 스쿠터의 먼지를 닦아 내고는 문가에 세워 두었다.

"자, 이 스쿠터가 아직 움직일 거야."

삼촌은 이렇게 말하더니 탐사선 문을 열었다.

"그냥 페달을 밟고 나를 따라오렴."

삼촌은 이 말을 남긴 채 탐사선 문틈을 빠져나가 깊은 바닷속으로 사라졌다.

마리와 티미는 곧 삼촌을 따라갔다. 마리는 통통 소리를 내며 천천히 따라갔지만, 티미는 삼촌을 앞질러서 야생마처럼 재빠르게 산호초 위를 이리저리 헤치고 나아갔다. 한번은 넘어질 뻔하기까지 했는데, 다행히 비틀거리는 스쿠터를 마지막 순간에 휙 돌려 세웠다. 티미는 자랑스러운 표정으로 한참 멀리 뒤처져 있는 여동생과 삼촌을 돌아보았다. 티미는 자기가 가장 좋아하는 만화영화의 주인공이 된 기분이었다.

"여기요! 저 여기 있어요!"

티미는 이렇게 외치고는 마리가 자기 있는 곳에 다다를 때까지 두 팔을 흔들었다. 그리고 마리가 오자마자 티미는 다시 스쿠터를 출발시켰다. 그 바람에 바다 밑바닥에 모래가 일어서 마리는 눈에 모래알이 들어가지 않게 눈을 꼭 감았다.

"멍청이!"

마리는 오빠한테 욕을 내뱉었다. 그렇지만 바로 그때 '니모'를 발견한 마리는 무척 기뻐서 오빠한테 화가 났던 것도 새까맣게 잊어버렸다.

알피 삼촌이 뭔가 보여 주려고 두 아이를 불렀을 때까지, 티미는 맘껏 돌아다녔다.

"여기 하얀 산호들 보이니?"

알피 삼촌은 두 아이가 고개를 끄덕이자 말을 이었다.

"바다가 따뜻해져서 안타깝게도 산호들이 자기 색을 잃었단다. 지난 몇 년 사이에 바닷물의 온도가 0.5도 정도 높아졌는데, 산호에게는 0.5도도 아주 큰 변화란다. 그리고 바다가 따뜻해지면서 산호들의 먹이인 바닷말이 죽어서 산호도 점차 줄어들고 있단다."

"어머, 안됐다. 저렇게 예쁜데. 저 알록달록한 물고기들처럼요. 저 물고기들도 바다가 따뜻해지는 것을 싫어하나요? 저는 이곳이 좀 추운데요."

"안타깝게도 이 물고기들한테는 추운 게 아니란다. 산호가 줄어들면 물고기들은 알을 숨길 곳을 잃게 되지. 그렇게 되면 저 물고기들도 결국 멸종하게 되는 거야."

"저 귀여운 니모들이 사라진다는 거예요?"

마리가 깜짝 놀라 물었다.

"오빠, 우리가 뭔가 해야 해! 그런 일이 일어나서는 안 된다고!"

"어차피 너무 늦은 거 아냐?"

티미는 어쩔 수 없다는 듯 말했다.

"아니, 전혀 그렇지 않아!"

알피 삼촌이 갑자기 목소리를 높였다. 알피 삼촌은 말을 이었다.

"바로 그렇기 때문에 내가 너희를 이 여행에 데리고 온 거고, 너희를 날씨 탐험대로 만들려는 거야. 우리 모두 무슨 일이든 해야 해. 누구나 지구 온난화를 막는 일에 한몫할 수 있어. 그럴 마음만 먹으면 돼!"

알피 삼촌은 점점 더 흥분했다.

"사람들은 너무 고집불통이야. 자기 습관을 쉽게 버리지 못하지. 생각을 조금만 바꾸면 되는데 말이야. 어떻게 하면 천연자원을 절약할 수 있을지 곰곰이 생각해 보기만 하면 되는데 말이야."

"우리는 삼촌 말에 찬성이에요!"

티미가 자신 있게 말했다.

갑자기 마리는 엄청 커다란 푸른 고래가 이쪽으로 다가오는 것을 깨달았다. 그렇지만 이제 마리는 겁나지 않았다. 마리는 그 푸른 고래가 우아하고 힘차게 미끄러지듯 물속을 헤엄쳐 가는 모습을 감탄하며 바라보았다.

"맞아. 저희를 믿어 보세요, 알피 삼촌. 약속해요!"

"그럼 너희 결심을 행동으로 옮길 수 있게 이제는 집으로 돌아갈 일만 남았구나."

알피 삼촌은 이렇게 말하고는 당장 길을 돌아섰다.

9 집으로!
날씨 탐험대 행동으로 옮기다

이번에는 마리가 동그란 초록색 단추를 눌렀다. 탐사선이 작게 윙 거리면서 집으로 출발했다.

"벌써 끝이라니 아쉬워요."

티미는 조금 슬픈 표정으로 이렇게 말하고는 안락의자에 털썩 주저앉았다. 티미는 이번 여행이 정말 재미있었다. 여행하는 동안 여동생과 함께 겪은 일들이 자랑스러웠다.

"무슨 소리야? 이제 막 시작인데. 이제 우리는 날씨 탐험대가 되었으니까, 지구가 지금 모습을 오래 간직하게 하려면 어떻게 해야 하는지 곰곰이 생각해 봐야 해."

마리가 진지한 표정으로 말했다.

"맞다."

티미는 이제 마음이 조금 달래진 듯했다. 티미는 저 아래 청록색으로 빛나는 바다를 마지막으로 바라보았다.

곧 티미와 마리는 머리를 맞대고 앉아 알피 삼촌을 돕기 위해 무슨 일을 할 수 있을지 궁리했다. 이런저런 생각들이 많이 떠올랐다.

"나는 당장 내일 학교에 가면 쉬는 시간에 불을 끌 거야. 그럼 에너지를 절약할 수 있겠지. 그리고 난방을 하면서 환기를 위해 몇 시간 동안 창문을 살짝 열어 놓는 선생님에게 한마디 하겠어. 차라리 잠깐 동안 문을 활짝 열어 놓는 게 좋다고 말이야."

티미가 신이 나서 열심히 말을 늘어놓았다.

"난 엄마한테 빵 부스러기는 진공청소기 말고 그냥 손으로 닦으라고 말해야지. 진공청소기를 쓰는 것은 쓸데없는 전기 낭비야."

이번에는 마리가 말했다.

"그리고 학교에 갈 때 자전거를 타고 가면 되겠다. 또 나무를 너무 많이 베지 않게 재생 종이로 만든 공책이랑 연습장을 사는 거야."

티미가 말했다.

"바로 그거야. 그리고 선생님께 우리가 날씨 탐정 회사를 세워서 학교를 감시해도 되냐고 여쭈어 봐야지. 야나랑 질비에도 함께하겠다고 할 거야. 그럼 우리는 가장 환경 친화적인 학교를 만들게 될 테고, 그 상으로 놀이 공원에도 가게 되겠지."

마리가 신이 나서 외쳤다.

"좋은 생각들을 참 많이 내놓는구나. 너희가 이렇게 신이 나서 생각을 짜내고, 뭔가 하려고 하니 참 기쁘구나. 그 일들이 그렇게 힘들지 않으면서도 효과가 아주 크다는 것을 알게 될 거야. 중요한 것은 모든 사람들이 함께하는 거야. 보통 전구 대신에 에너지 절약 형광 전구를 사용하는 것이, 또 난방 온도를 1도 내리는 것이 무슨 소용이냐고 생각하는

사람이 없어야 해. 그런 것들이 아주 하찮아 보여도 사실은 아주 큰일이지."

알피 삼촌은 크게 깊은 한숨을 내쉬었다.

"이리 오렴, 마지막으로 아주 따뜻한 코코아를 만들어 줄게."

알피 삼촌은 구석에 있는 부엌으로 갔다.

덜커덩, 덜그럭, 치직치직, 보글보글 소리가 나더니 몇 분 뒤에 삼촌이 양치용 컵 세 개를 들고 돌아왔다.

"컵을 못 찾겠구나. 그래도 코코아 맛은 좋아야 할 텐데."

삼촌은 입이 귀까지 찢어질 정도로 씩 웃으며 말했다.

"당연하죠. 삼촌이 만들어 주는 코코아가 세상에서 가장 맛있어요."

마리가 말했다.

"고맙구나."

알피 삼촌이 환하게 웃었다.

그러다가 삼촌은 눈가에 고인 눈물방울을 손으로 훔쳤다. 삼촌은 이제 다음 탐사를 위해 뉴질랜드로 떠나야 했다. 마음은 그렇게 하고 싶었지만, 그 여행에는 마리와 티미를 데려갈 수 없었다.

"슬퍼하지 마세요."

마리는 이렇게 말하고는 삼촌의 무릎에 앉았다.

"삼촌이 돌아오면 크리스마스 휴가 때 삼촌 집에 갈게요. 아빠한테 여쭈어 보겠어요. 그때는 자동차가 아니라 기차를 타고 갈 거예요!"

세 사람은 함께 뜨거운 코코아를 홀짝거리면서 또 다른 계획들을 짰다. 두 아이는 이제 기후 변화가 인간과 자연에 어떤 영향을 미칠지 두 눈으로 직접 보았고, 지구를 지키기 위해서, 앞으로 태어날 아이들을 위해서 천연자원을 함부로 쓰지 않고 에너지를 절약하는 일이 결코 어려운 일이 아니라는 것을 깨달았다. 이대로 놔둘 수 없었다. 누구나 달라질 수 있다. 그럴 마음만 먹으면 되었다. 지구를 함부로 다루는 어른들을 더는 두고 볼 수 없었다. 어린아이라고 해서 앞장서지 말라는 법도 없고, 사람들의 생각을 바꾸지 못하리라는 법도 없으니까.

 몇 분 뒤에 탐사선이 다시 심하게 흔들렸다. 그렇지만 두 아이는 이제 그런 일에 놀라지 않았다. 두 아이는 슬프지도 않았다. 슬프기는커녕 부모님과 친구들에게 자기가 겪은 재미있는 모험을 들려줄 생각에 신이 났다. 두 아이는 마지막으로 황소 눈에 코를 맞대고 탐사선이 땅에 가까워지는 모습을 지켜보았다.

 "저기 봐! 우리 집이야!"

 마리가 흥분해서 소리쳤다.

 "그래, 저기 눈사람도 있다. 자동차도."

 두 아이는 탐사선 문이 열릴 때까지 안절부절못했다.

 알피 삼촌은 두 조수를 웃는 얼굴로 바라보면서 길고 덥수룩한 수염을 쓰다듬었다.

 "자, 이제 밖으로 나가자꾸나."

 알피 삼촌이 탐사선 문을 열었다.

 두 아이는 바람처럼 쌩 하고 나가더니 현관문으로 내달렸다.

 "내가 누를래!"

 마리가 소리치면서 오빠를 따라잡으려고 애썼지만 다리가 긴 티미가 결국 먼저 도착했다.

티미는 여동생의 울부짖음을 무시한 채 아빠가 성난 얼굴로 문을 열 때까지 초인종을 마구 눌러 댔다.

"도대체 무슨 일이기에……."

"엄마, 아빠!"

아빠 목소리는 두 아이의 외침 소리에 묻혀 버렸다.

"우리 중국에 갔었어요!"

마리가 자랑했다.

"미국도요!"

티미도 외쳤다.

"물개도 봤어요!"

"우리 고래상어랑 같이 헤엄쳤어요!"

"알록달록한 물고기들도 봤어요. 우리는 이제 진짜 날씨 탐험대예요. 지구가 더 따뜻해지지 않도록, 불쌍한 동물들이 더 죽지 않도록 알피 삼촌을 도울 거예요."

마리는 깜짝 놀란 표정을 지으며 서 있는 부모님에게 이렇게 선언했다.

두 아이는 침을 튀기며 끊임없이 떠들었다. 얘기를 멈출 줄 몰랐다. 어느 순간 알피 삼촌이 작별 인사를 했다. 뉴질랜드 탐사를 위해 준비할

것들이 있기 때문이었다. 알피 삼촌은, 떠나면서 오늘처럼 이렇게 많은 축복을 받은 적이 없었다. 마리와 티미는 이런저런 다짐을 늘어놓았다. 기운이 샘솟은 알피 삼촌은 기쁜 마음으로 성큼성큼 걸어갔다.

"알피 삼촌은 정말 멋진 날씨 삼촌이에요."

알피 삼촌이 씩씩하게 손을 흔들면서, 마지막으로 "호호호, 히히히, 하하하." 소리를 남긴 채 떠나자, 마리가 말했다.

마리와 티미는 거실로 갔다. 거실에는 아직도 텔레비전이 켜져 있었다. 두 아이가 아주 좋아하는 만화영화가 나오고 있었지만 두 아이는 이제 텔레비전에는 관심이 없었다. 티미와 마리는 마지막으로 탐사선을 보려고 창가로 달려갔다. 그런데 탐사선이 흔적도 없이 사라졌다. 알피 삼촌이 방금 나갔는데 마당에는 마치 아무 일도 없었다는 듯, 당근 코의 눈사람만 서 있을 뿐이었다. 마리는 코가 뭉개질 정도로 유리창에 얼굴을 바짝 댔다. 티미는 눈을 부릅뜨고 노을이 진 하늘을 바라보았다. 갑자기 티미는 자기가 진짜 세계 여행을 한 게 맞는지 의심이 들었다. 티미는 얼굴을 찡그리고는 왼쪽을 봤다가 오른쪽을 봤다가 다시 한 번 왼쪽을 살폈다. 그래도 마찬가지였다. 아무것도 보이지 않았다.

그때 갑자기 티미는 정신이 번쩍 들었다. 티미는 놀랍게도 자기가 창가에 서서 유리창에 코를 대고 있는 것이 아니라 침대에 누워 있다는 사실을 깨달았다. 티미는 이불을 끌어당기고는 반대쪽 벽에 있는 침대에 고이 잠들어 있는 여동생을 돌아보았다. 모든 것이 꿈이었던 것일까?

"상관없어. 마리와 나는 이제 날씨 탐험대야. 중요한 건 그거지. 그리고 아침이 되면 나는 다시 눈사람을 만들 거야."

티미는 웃으며 중얼거렸다.

알피 삼촌이 쓴 말들을 알아볼까요?

북극

북극은 2600만 제곱킬로미터가 넘는 거대한 곳이다. 캐나다, 아메리카, 스칸디나비아, 러시아, 그린란드, 아이슬란드 일부도 북극에 포함된다. 북극 한가운데에는 거대한 빙산들이 있는, 꽁꽁 얼어붙은 북극해가 있다. 지구 온난화 때문에 북극에 있는 얼음덩어리들이 너무 빨리 녹아서 바닷물의 높이가 올라가고 있다.

에너지

에너지는 기계, 공장, 자동차를 움직이는 힘이다. 진공청소기, 컴퓨터, 텔레비전, 전등을 비롯해 집에서 쓰는 많은 기구들도 에너지가 필요하다. 대부분은 전기 에너지를 쓴다. 에너지가 없으면 아무것도 안 된다.

에너지는 발전소에서 만든다. 석탄, 석유, 천연가스를 태워서 만들기도 하고, 원자력 발전소에서도 만든다. 이때 많은 양의 배기가스와 쓰레기(원자력 발전소에서는 방사능 쓰레기가 나온다)가 생긴다. 그렇지만 더 깨끗하게 에너지를 얻을 수 있는 방법도 있다. 물의 힘(수력 발전. 물레방아를 상상해 보라)이나, 바람의 힘(풍력 발전. 풍차와 같은 것)이나, 태양의 힘(태양 발전)을 이용하는 것이다. 지구 온난화를 막기 위해서 우리는 에너지를 절약하는 한편, 더 깨끗한 방법으로 에너지를 얻어야 한다.

에너지 절약

에너지 절약은 생각보다 간단하다. 어른이든 어린이든 누구나 에너지를 절약할 수 있다. 방법은 아주 간단하다. 보통 전구 말고 에너지 절약 형광 전구를 쓰고, 오랫동안 방을 비울 때는 불을 끄고, 꼭 필요할 때만 따뜻한 물을 쓰고, 텔레비전, 컴퓨터, 오디오 등을 안 쓸 때는 코드를 뽑아 놓는다. 그리고 에너지 절약 마크가 있는 전자 제품을 산다. 보일러를 틀어 놓을 때는 오랫동안 창문을 살짝 열어 두지 말고, 잠깐씩 창문을 활짝 열어 놓는다. 가까운 거리는 걸어가거나 자전거를 탄다. 에너지를 절약하면 돈도 절약된다.

겨울의 딸기

요즘에는 모든 과일과 채소 들을 일 년 내내 슈퍼마켓에서 구할 수 있다. 그래서 딸기, 복숭아, 자두, 꽃양배추, 토마토, 콩 등이 언제 나는지 아는 사람이 별로 없다. 딸기는 원래 봄에 나는 과일이어서 옛날에는 봄에만 딸기를 먹을 수 있었다. 티미와 마리가 먹은 딸기는 접시에 놓이기까지 세상의 절반을 여행했다. 게다가 그 딸기가 비행기를 타고 와서 화물차에 실려 슈퍼마켓으로 오기까지 이산화탄소를 많이 내뿜었다.

지구 온난화

지구 온난화는 해마다 지구가 점점 따뜻해지는 것을 일컫는 말이다. 지구 온난화 때문에 한쪽에서는 가뭄으로 물 부족에 시달리게 되고, 다른 한쪽에서는 바닷물의 높이가 올라가서   집들이 물에 잠기게 된다. 허리케인, 토네이도, 태풍이 자주 일어나게 되고, 동식물의 생활 공간이 바뀌어서 많은 생물들이 멸종 위기를 맞게 된다.

지구 온난화를 일으켜 지구를 망가뜨린 것이 인간이므로 우리는 모두 지구 온난화를 막기 위해 뭔가 해야 한다. 그래야만 우리 인간도 살 수 있다.

기후

기후는 한곳에 여러 해 동안 비슷하게 나타나는 날씨를 일컫는다. 기온, 비, 우박, 눈, 구름, 바람, 기압 등 날씨와 관련된 것은 모두 기후에 속한다.

기상학자

기상학자는 강수량, 기온, 습도, 기압, 바람, 구름 등 기후를 이루는 요소들을 관찰하고 기록하는 사람이다. 기상학자는 이 요소들이 기후에 어떤 영향을 미치는지 연구한다. 특히 이 요소들이 일 년, 수십 년, 수백 년, 수천 년, 심지어 수백만 년 동안 어떻게 변화해 왔는지 연구한다. 기상학자들은 지구의 기후가 점점 따뜻해지고 있고, 이 지구 온난화가 자연적인 현상 때문만이 아니라 인간의 잘못 때문이라는 것을 알게 되었다.

기후 변화

기후는 자연적으로 끊임없이 변한다. 수백만 년 전부터 그래 왔다. 새로운 점은 얼마 전부터 인간이 기후 변화에 영향을 미치고 있으며, 인간 때문에 기후 변화가 아주 빨라지고 있다는 사실이다. 그 속도가 너무 빨라서 동식물들이 적응하지 못하고 있다. 동식물이 다른 생활 공간으로 피할 새도 없이 빠른 것이다. 이대로 가면 많은 생물이 멸종하게 될 것이다. 기후 변화는 인간의 생존도 위협한다. 극지방의 빙하가 녹아서 바닷물의 높이가 올라가면 바닷가에 있는 도시들이 물에 잠기게 되며, 많은 섬들이 물에 잠겨 사라지게 될 것이다. 가문 곳은 더 가물어져 그곳 사람들은 마실 물은 물론, 먹을 음식도 없어 고향을 떠나야 할 것이다. 앞으로 얼마나 더 나빠질지는 우리 노력에 달려 있다.

기후대

나라마다 날씨와 기후가 다르지만 기온, 강수량, 기압이 아주 비슷한 지역들이 있다. 그래서 비슷한 기후별로 열대, 아열대, 온대, 한대로 나누게 되었다. 열대는 일 년 내내 덥고 습한 여름인 반면에 한대는 늘 춥다. 온대는 40도에서 마이너스 25도에 이르기까지 일 년의 온도차가 가장 크다.

이산화탄소

CO_2로도 알려져 있는 이산화탄소는 색깔이 없고, 불을 꺼뜨리는 성질이 있다. 적은 양일 때는 전혀 해롭지 않다. 인간은 숨을 쉴 때 산소를 이산화탄소로 바꾸는데, 식물은 이산화탄소를 산소로 되돌려 놓는다. 적당한 양이라면 이산화탄소는 자연의 순환에서 아주 놀라운 구실을 한다. 그렇지만 인간이 에너지를 얻기 위해서 석유, 석탄, 천연가스, 목재와 같은 천연자원을 많이 태우면서 이산화탄소가 너무 많이 생겼다. 그 때문에 자연의 순환 체계가 엉망이 되었고 지구는 열병에 걸리게 되었다. 거대한 숲을 없애도 이산화탄소가 많아진다.

오존 구멍

오존 구멍은 진짜 구멍이 아니다. 지구의 보호막인 대기권의 오존층에서 오존의 농도가 낮은 곳을 가리키는 말일 뿐이다. 오존층은 눈에는 보이지 않는 막으로 햇빛의 자외선을 막아 준다. 자외선은 선크림을 바르지 않고 밖에 나갔을 때 화상을 입을 수 있을 만큼 위험하다. 오존층이 얇아질수록 자외선이 지구에 더 많이 들어오게 된다. 특히 남극과 남반구의 하늘이 오존층 파괴가 심하다. 그래서 오스트레일리아 아이들은 햇볕이 쨍쨍한 날에는 선크림을 바르지 않고서는 절대, 절대, 절대로 밖에 나가지 않는다.

태양 발전 장치

태양 발전 장치는 태양 에너지를 이용해 전기나 열을 만들어 낸다. 태양열 발전과 태양광 발전 두 가지가 있다. 물과 바람, 태양 에너지를 재생 에너지라고 부른다. 태양, 바람, 물은 석유와 달리 전기나 열로 바뀔 때 사라지지 않아 다시 쓸 수 있기 때문이다. 태양 발전, 풍력 발전, 수력 발전은 자연 친화적으로 에너지를 얻는 방법이기 때문에 더욱더 중요하다. 태양 발전 장치는 거대한 태양 전지판이나 태양광 거울로 이루어져 있다. 이 태양 전지판이나 태양광 거울이 태양 광선을 모아 열이나 전기 에너지로 바꾼다. 가정집의 지붕에 있는 태양 전지판이나, 건전지 없이 움직이는 전자계산기에 들어 있는 태양 전지판처럼 아주 작은 태양 전지판도 있다.

온실 효과

이산화탄소는 온실 기체라고도 한다. 이산화탄소가 온실 효과를 일으키기 때문이다. 여기서 온실이라는 것은 정원에 있는 온실과 같다. 온실에서는 어떤 일이 일어날까? 온실 지붕에 햇빛이 비치면 온실 안의 공기가 따뜻해진다. 이 공기가 온실 밖으로 나가지 못하기 때문에 온실 안은 점점 더 더워진다. 식물은 빛과 열이 있을 때 더 잘 자랄 수 있기 때문에 식물에는 좋은 일이다. 지구에도 이와 똑같은 일이 벌어진다. 태양 빛에 지구가 뜨거워지면 지구를 둘러싼 공기가 이 열을 저장하는 것이다. 특히 이산화탄소는 이 태양열이 우주 밖으로 사라지지 않게 붙잡아 준다. 그래서 인간을 비롯한 생물들이 살 수 있는 기후가 만들어진 것이다. 온실 효과는 자연적인 현상이며 지구의 역사만큼이나 오래된 것이다. 자연의 순환이 제대로 돌아갈 때에는 온실 효과가 생물들에게 이로운 구실을 한다. 이산화탄소가 태양열을 붙잡아 두지 않는다면 지구는 너무 춥고 깜깜해서 인간은 물론 그 어떤 생물도 살 수 없을 것이다. 그런데 오늘날에는 공장, 발전소, 자동차, 난방 기구 등이 너무 많은 이산화탄소를 내뿜어 대서 더운 공기가 너무 많이 남아 문제다. 약 백 년 전에 인간이 공장과 자동차를 만들기 시작한 뒤로 공기 중에 이산화탄소 농도가 점점 높아져서 지구 온난화가 일어나게 되었다.

슈테판 람슈토르프 교수님께 여쭤 봤어요.

알피 삼촌 말이 맞을까요? 정말로 이 세상에서 눈이 모두 사라지게 될까요? 앞으로 어떤 일이 일어날까요?

우리는 기후 전문가인 슈테판 람슈토르프 교수님께 여쭤 봤어요. 딸아이를 하나 둔 아버지이기도 한 람슈토르프 교수님은 20년 동안 기후를 연구해 왔답니다. 람슈토르프 교수님은 기후 연구를 위해 탐사선을 타고 바다로 나가기도 하고, 그린란드의 얼음 핵에서 정보를 모아 컴퓨터로 과거와 미래의 기후 변화를 계산합니다.

Q. 정말로 기후가 변하나요?

A. 지구의 평균 기온이 높아지고 있다는 것은 의심의 여지가 없어요.

기상 관측소나 인공위성 자료를 분석해 보면 지난 수십 년 동안 지구는 점점 따뜻해졌습니다. 높은 산을 보면 눈으로 직접 확인할 수도 있어요. 세계적으로 만년설이 사라지고 있답니다. 남아 있는 것이 몇 개 안 돼요.

Q. 지구 온난화가 얼마나 심한가요?

A. 지난 백 년 동안 지구의 기온이 평균 0.6도 높아졌고, 한국은 1.5도가 높아졌습니다. 아직은 얼마 안 되지만, 이건 시작에 불과해요.

Q. 기후 변화는 옛날에도 있었잖아요?

A. 네, 물론 그렇죠. 지구의 역사를 보면 늘 극적인 기후 변화가 있었죠. 게다가 이유도 없이요. 누구나 학교에서 대빙하기란 말을 들어 봤을 겁니다. 마지막 대빙하기가 끝난 것이 1만 년 전밖에 안 됩니다. 그때 우리 조상은 얼음으로 뒤덮인 대초원에서 매머드 사냥을 했죠. 북쪽에서 오늘날의 베를린까지 온통 두꺼운 얼음으로 뒤덮여 있었습니다.

이 대빙하기가 일어난 한 가지 이유는 지구 자전축의 기울기가 주기적으로 변했기 때문이었습니다. 지구는 기우뚱 기울어진 채로 제자리 돌기를 하지요. 이 기울기가 주기적으로 변한 것입니다. 그렇지만 물론 아주, 아주 느리게 변하지요. 수천 년이 걸린답니다. 다음 빙하기는 아주 빨라 봐야 5만 년 뒤에야 올 거예요.

Q. 그렇다면 지금의 기후 변화가 특별한 이유는 뭐죠?

A. 첫째, 기후 변화 속도가 엄청 빠르다는 거죠. 지구의 평균 기온이 십 년마다 0.17도씩 높아지고 있어요. 마지막 빙하기가 끝났을 때 지구의 평균 기온이 약 5도 올랐는데요, 그렇게 되기까지 5천 년

이 걸렸지요. 십 년마다 0.01도가 오른 셈이지요.

둘째, 수천 년 전과 비교해 보면 지금은 너무 따뜻해요. 지난 2천 년 동안 지구가 지금처럼 따뜻했던 적이 없어요. 그리고 기후 변화의 책임이 인간에게 있다는 점입니다. 옛날에는 기후 변화가 자연적인 원인 때문에 일어났었죠.

Q. 기후 변화가 인간 때문이라는 것을 어떻게 알죠?

A. 태양 광선의 세기를 예로 들어 볼게요. 1950년 이래로 태양 광선의 세기는 높아지지 않았어요. 그러니까 지구 온난화가 태양 광선 때문은 아니죠. 기후 변화를 일으킬 수 있는 다른 요소들도 그동안 별로 변하지 않았어요. 그렇지만 인간은 기후에 엄청난 영향을 미치고 있죠.

Q. 인간이 도대체 무슨 짓을 했는데요?

A. 인간은 이산화탄소를 엄청 많이 내뿜고 있어요. 물론 다른 가스도 내뿜죠. 이산화탄소는 석탄, 석유, 천연가스를 태우는 곳이면 어디에서나 나와요. 숲을 없애도 이산화탄소가 나오죠. 공기 중에

이산화탄소 양이 3분의 1이 늘어났어요. 65만 년 전과 비교하면 엄청 많은 양이에요. 어떻게 알았냐 하면 아주 오래전의 공기를 담고 있는, 남극의 얼음 핵에서 알아낸 정보지요. 얼음 핵이란 몇 킬로미터 깊이에서 파낸 얼음이에요.

Q. 이산화탄소는 어떤 작용을 하나요?

A. 이산화탄소는 온실 기체라고도 합니다. 지구 표면의 온기가 우주로 빠져나가는 것을 막아서 따뜻한 기후를 만들죠. 이것을 온실 효과라고 해요. 안정적인 기후를 지키기 위해서는 태양으로부터 받은 열기를 똑같이 우주로 내보내야 해요. 만약 태양에서 받은 열기를 모두 내보내지 못하면 지구는 따뜻해지죠.

온실 효과가 사람들에게 알려진 지는 백 년이 넘습니다. 스웨덴의 노벨상 수상자 스반테 아레니우스가 1896년에 공기 중에 이산화탄소 농도가 두 배 높아지면 기후가 얼마나 따뜻해지는지 계산했죠.

Q. 온실 효과가 일어나는 이유가 인간 때문이라는 거죠?

A. 온실 효과를 일으키는 원인이 인간은 아니지만 인간이 이 온실 효과를 부추기죠. 온실 효과는 원래 자연적인 것이고, 사실 아주 멋진 일입니다. 온실 효과가 없다면 지구에 생물이 존재하지 않을 테니까요. 모든 생물이 꽁꽁 얼게 되죠. 온실 효과에 의해서 지구의 기온이 33도가 올라갔습니다. 지구의 평균 기온은 섭씨 15도인데, 온실 효과가 없었다면 섭씨 마이너스 18도가 되었을 거예요! 그렇지만 만약 우리가 이산화탄소를 너무 많이 내보내 온실 효과를 아주 조금이라도 더 부추기면 기온이 더 빨리 올라갈 거예요.

인간이 내뿜은 이산화탄소 양 때문에 지구의 평균 기온이 0.5도에서 1도 높아졌어요. 이것이 바로 지구 온난화랍니다. 우리 눈으로도 확인할 수 있죠.

Q. 이대로 가면 어떤 일이 일어나는 거죠?

A. 우리가 어떻게 하느냐에 달려 있죠. 앞으로도 계속 석유와 석탄을 많이 태우느냐, 아니면 에너지를 절약하고 풍력 발전이나 태양 발

전을 더 많이 이용하느냐 하는 거죠. 풍력 발전과 태양 발전은 온실 효과를 일으키지 않으니까요.

기상학자들이 계산한 결과에 따르면 이대로 가다가는 백 년 안에 지구 평균 기온이 0.5도에서 6도 정도 올라갈 것이라고 해요. 물론 지역마다 다르겠죠. 특히 북극과, 온난화를 막아 주는 바다의 영향을 받지 못하는 내륙 지역은 온도 변화가 클 거예요.

Q. 지구 온난화의 결과는 뭐죠?

A. 지구 온난화의 결과는 아주 다양해요. 우리가 전혀 예측할 수 없는 것들도 있어요. 그렇지만 몇 가지는 벌써 눈에 보여요. 아직은 지구 온난화가 심하지 않은데 말이에요. 빙하가 녹고 있고, 알프스 산의 만년설은 반이나 사라졌어요. 그리고 바닷물의 높이가 올라가죠. 인공위성 자료를 보면, 지난 백 년 동안 바닷물의 높이가 평균 17센티미터 정도 올라갔고, 지난 십 년 동안에만 해도 3센티미터가 높아졌어요. 바닷물의 높이가 올라가는 속도가 점점 빨라지고 있다는 거죠.

아직 지구에 남아 있는 얼음 땅이 아주 많아요. 그린란드가 그렇죠. 만약 그곳 얼음이 다 녹는다면 바닷물의 높이가 7미터나 올라가게 될 거예요. 남극 대륙에는 얼음이 더 많이 있죠.

기후 역사를 보면 간빙기 때에 얼음 땅이 지금보다 훨씬 적었던 적이 있습니다. 약 12만 년 전에는 평균 기온은 지금보다 고작 1도가 더 높았지만, 바닷물의 높이는 지금보다 몇 미터나 더 높았죠. 이대로 가면 백 년 안에 바닷물의 높이가 몇 미터는 올라갈 테고 많은 섬들과 해안 지역이 물에 잠기게 될 것입니다.

Q. 요즘 나타나는 기상 이변도 기후 변화와 관련이 있나요?

A. 2002년 8월 단 며칠 동안에 비가 엄청나게 많이 왔죠. 독일에서 비가 그렇게 많이 온 적은 처음이었어요. 엘베 강이 범람했고, 드레스덴 시가 물에 잠겼죠. 그리고 2005년 8월에 또 홍수가 일어났죠. 스위스, 바이에른, 오스트리아, 루마니아에서 홍수 피해가 특히 심했어요. 여기저기서 신기록이 터졌죠. 지난 백 년 동안 가장 많은 강우량이었어요. 그런 일들이 기후 변화와 관련이 있는 것인지 증명하지는 못했지만, 공기가 따뜻할수록 수분이 많기 때문에 비도 많이 오게 되죠. 그래서 기상학자들은 앞으로 홍수 피해가

더 자주 일어날 것이라고 예상하고 있어요.

그런데 이상하게도 온난화는 가뭄도 불러일으켜요. 날씨가 더우면 땅이 더 빨리 마르기 때문이죠. 지난 수십 년 동안 북유럽과 스칸디나비아에서는 비가 점점 더 많이 왔지만, 남부 유럽과 지중해 지역에서는 비의 양이 줄어들었어요. 이런 가뭄과 불볕더위는 대형 산불을 부추기기도 하죠.

2003년 여름 유럽에 불볕더위가 닥쳤어요. 그렇게 더운 여름은 처음이었죠. 그 당시 불볕더위로 3만 명이 넘는 사람들이 죽었는데, 대부분 프랑스 사람들이었죠. 바덴-뷔르텐베르크에서도 1100명이나 죽었습니다. 젊고 건강한 사람들이야 수영도 하면서 더운 날씨를 즐겼겠지만, 노약자들에게 불볕더위는 큰 재난이죠.

날씨가 따뜻해지면 강한 폭풍도 더 자주 일어난답니다. 열대 지역의 사이클론, 대서양의 허리케인, 태평양의 태풍 말이에요. 이 폭풍들은 바닷물의 열기에서 에너지를 얻죠. 폭풍은 바닷물의 온도가 27도 이상인 곳에서만 생겨요. 기후가 점점 더 따뜻해질수록 폭풍의 피해도 더 심해질 거예요. 관측 기록을 보면 이미 수십 년 전부터 그래 왔죠.

Q. 기후가 변하면 동식물들은 어떻게 되나요?

A. 동식물들도 어느 정도 기후 변화에 적응할 수 있지만, 변화가 너무 빠르거나 너무 심하면 그러지 못해요. 빙하기 때는 유럽의 숲들이 남쪽으로 옮겨 갔다가 빙하기가 끝나자 다시 북쪽으로 퍼져 나갔죠. 오늘날의 기후 변화는 너무 빨라요. 게다가 인간들이 많은 땅을 혼자서만 쓰고 있어요. 많은 생태계가 보호 구역에 섬처럼 묶여 있기 때문에 수백 킬로미터를 이동하는 것이 불가능해요.

게다가 지구의 생물들은 대부분 추운 기후에서만 살 수 있죠. 지난 수백만 년 동안 지구는 대부분 빙하기였다는 사실을 기억해야 해요. 빙하기 사이에 날씨가 조금 따뜻해졌을 때 살아남은 생물들은 극지방 주변이나 고산 지대에 살던 생물들이에요. 이곳들은 따뜻한 바다 위의 추운 섬인 셈이죠. 우리가 아무 노력도 하지 않으면 백 년 뒤에는 1천만 년 전보다 기후가 더 따뜻해질 것이고 이 "추운 섬"들도 사라져서 우리가 알고 있는 많은 생물들도 사라지게 될 거예요.

Q. 정말 끔찍해요. 우리가 기후 변화를 막을 수 있나요?

A. 물론이죠. 공기 중에 이산화탄소 농도가 높아지는 것은 당장 막을 수 있죠. 그렇다고 이산화탄소를 전혀 내뿜지 말아야 하는 것은 아니에요. 그 양을 절반 정도로 줄이기만 하면 되죠. 다행히 바다도 끊임없이 이산화탄소를 빨아들이기 때문이지요. 그렇지만 이산화탄소 양의 증가를 막아도 기후는 조금 따뜻해진답니다. 0.6도 정도요. 기후 변화는 한 발짝 늦게 나타나기 때문이에요. 커다란 배에 브레이크를 걸 때와 비슷해요. 배는 바로 멈추지 않고 서서히 멈추죠.

Q. 어린이들이 할 수 있는 일은 뭐죠? 부모님들은 어떤 일을 할 수 있나요?

A. 기후 변화를 멈추려면 어린이도 부모도 모두 함께 나서야 해요. 할 수 있는 일들은 많이 있어요. 에너지 절약하기, 자전거나 기차 타기처럼요. 온실 기체는 대부분 에너지를 만드는 과정에서 생겨요. 독일의 경우, 난방이나 온수 때문에 전체 이산화탄소 배출량의 30퍼센트가 쓰이죠. 교통수단은 이산화탄소 배출량의 5분의 1

을 차지해요. 우리는 소비자로서도 이산화탄소 배출에 간접적인 책임이 있어요. 바로 우리가 사는 제품 때문이죠.

누구나 에너지를 적게 쓴다면 문제를 해결할 수 있어요. 지금 에너지가 너무 많이 낭비되고 있잖아요? 사용하지 않는 전기 기구의 코드를 뽑고, 에너지 효율이 높은 전기 기구와 자동차를 사고, 자동차를 더 적게 몰아야 해요. 집주인은 자기 집을 환경 친화적으로 고칠 수도 있죠. 환경 운동 단체나 환경청에 가면 무료로 에너지 절약 방법을 얻을 수 있어요. 아니면 정치 활동을 펼칠 수도 있어요. 정책에 참여하는 것은 개인적인 활동만큼이나 중요해요.

국내 및 국제적인 기후 정책에 영향을 미치고 싶다면 그냥 집 안에 앉아 마냥 기다려서는 안 돼요. 정치적인 압력만 주는 것으로도 변화를 일으킬 수 있어요. 그 첫걸음이 정보를 모으고, 친구들에게 문제를 알리는 거예요. 선거 때도 어떤 정당이 기후 변화 정책을 펼지 살펴야 해요. 모든 환경 운동 단체들이 함께 활동할 사람들을 기다리고 있답니다. 이제 어린이들이 참여할 수 있는 일도 많아졌어요.

Q. 어린이들도 기후 변화를 배워야 하나요? 환경 교육이 꼭 필요한가요?

A. 많은 부모들이 전쟁, 폭력, 환경 파괴와 같은 까다로운 주제들을 아이들이 모르게 하고 싶어 하죠. 자기 아이가 걱정을 모르고 자라게 하고 싶은 것이 잘못은 아니지만, 환경 문제만큼은 아이들도 알아야 해요. 어린이들은 어른들이 생각하는 것보다 이해력이 더 뛰어나죠.

어린이들도 환경 문제에 관해서 알고 있어야 하고, 환경 문제를 해결하는 일을 도우려면 어떻게 해야 하는지 배워야 해요. 어린이들도 환경 의식을 가지고 행동하는 법을 익혀야 해요. 어렸을 때부터 이런 것들을 제대로 배우지 못하면 어른이 되어도 환경 문제에 관심이 없고, 자기도 모르게 환경을 해치는 행동을 하게 되죠. 환경 교육은 어린이들이 겁에 질리게 않게, 어린이의 눈높이에 맞춰 환경 문제를 설명하는 거예요.

어린이들에게 환경 문제를 알려 주는 것이 우울한 일만은 아니에요. 그 반대죠. 문제를 알아야 문제의 해결책도 찾을 수 있어요. 문제를 알게 된다고 해서 꼭 체념하게 되는 것은 아니에요. 아름다운 지구를 지키는 일을 돕는 것은 앞으로 살아가는 데 용기를 불어넣기도 하죠.

부모들은 아이에게 이 세상을 설명해 줄 나름의 방법을 찾아야 해요. 환경 문제도 마찬가지예요. 아이가 환경 문제에 관해서 배우는 일에 무관심해서는 안 돼요. 가장 좋은 방법은 환경을 지키고 살기 좋은 미래를 만드는 데 부모와 아이가 뜻과 행동을 함께하는 거예요.

우편엽서

보내는 사람

이름

주소

☐☐☐-☐☐☐

받는 사람

서울시 마포구 서교동 449-6호, 신사인빌딩 4층
(주)우리교육 검둥소 담당자 앞
전화 (02)3142-6770 팩스 (02)3142-8108
이메일 geomdungso@naver.com

1 2 1 - 8 4 1

우편요금
수취인 후납 부담
발송 유효 기간
2009.10.5-2011.10.4
마포 우체국 승인
제4005호

검둥소 독자 엽서

이 엽서를 보내 주시거나 우리교육 홈페이지(www.uriedu.co.kr)에 서평을 올려 주시면 고맙겠습니다. 이 엽서는 검둥소가 좋은 책을 만드는 데 많은 도움이 됩니다.

이름	전화번호
이메일	
직업	성별
이번에 사서 읽은 책 이름	
이 책을 산 서점	에 있는 서점

이 책을 어떻게 사 보게 되었나요?

- ☐ 주위에서 권해서　　　　　　　☐ 소개 기사를 보고(에 실린 글)
- ☐ 광고를 보고(에 실린 광고)　　☐ 출판사를 믿고
- ☐ 서점에서 책을 고르다가(표지/제목/내용)이 눈에 띄어서
- ☐ 지은이를 보고　　　　☐ 그 밖에

이 책을 읽으신 느낌은?

- 내용에는 ☐ 만족 ☐ 보통 ☐ 불만　　　• 제목에는 ☐ 만족 ☐ 보통 ☐ 불만
- 표지에는 ☐ 만족 ☐ 보통 ☐ 불만　　　• 책값에는 ☐ 만족 ☐ 보통 ☐ 불만

검둥소에서 펴내기를 권하는 책 ? 검둥소에 하고 싶은 말

이 엽서를 보내 주시거나 우리교육 홈페이지에 서평을 올려 주시는 분들 중 다달이 10분을 추첨하여 검둥소 신간을 보내 드립니다.